新时期高等职业院校的创新发展研究

阳松谷 著

中国商务出版社
CHINA COMMERCE AND TRADE PRESS

图书在版编目（CIP）数据

新时期高等职业院校的创新发展研究 / 阳松谷著. --北京：中国商务出版社，2021.9
ISBN 978-7-5103-3891-5

Ⅰ.①新… Ⅱ.①阳… Ⅲ.①高等职业教育—发展—研究—中国 Ⅳ.①G718.5

中国版本图书馆 CIP 数据核字（2021）第 149034 号

新时期高等职业院校的创新发展研究
XINSHIQI GAODENG ZHIYE YUANXIAO DE CHUANGXIN FAZHAN YANJIU

阳松谷　著

出　　版：中国商务出版社	
地　　址：北京市东城区安外东后巷 28 号	邮　编：100710
责任部门：教育事业部（010-64283818）	
责任编辑：刘姝辰	
直销客服：010-64283818	
总 发 行：中国商务出版社发行部（010-64208388　64515150）	
网购零售：中国商务出版社淘宝店（010-64286917）	
网　　址：http：//www．cctpress．com	
网　　店：https：//shop162373850．taobao．com	
邮　　箱：347675974@qq．com	
印　　刷：天津和萱印刷有限公司	
开　　本：710 毫米×1000 毫米　1/16	
印　　张：13	字　数：151 千字
版　　次：2021 年 9 月第 1 版	印　次：2022 年 9 月第 1 次印刷
书　　号：ISBN 978-7-5103-3891-5	
定　　价：65.00 元	

凡所购本版图书如有印装质量问题，请与本社印制部联系（电话：010-64248236）
版权所有 盗版必究（盗版侵权举报可发邮件到本社邮箱：cctp@cctpress．com）

前 言

目前，我国已经建成了世界上规模最大的职业教育体系，千万家庭通过职业教育实现了拥有第一代大学生的梦想，同时也为促进中国经济社会发展做出了重大贡献。很大程度上，高职教育是真正的"有教无类"，"职教一人、就业一人、脱贫一家"已成为阻断贫困代际传递见效最快的方式，高职教育的社会认可度已有显著提升。高职院校的很多学生都来自农村甚至贫困家庭，培育和帮助这部分学生完成学业，实现顺利就业，是对社会、对民族、对国家的极大贡献。当前，我国已开启向第二个百年奋斗目标进军的新征程，为全面贯彻落实中央"四个全面"战略布局，增强高等职业教育适应性，培养更多高素质的职业技术技能人才，高等职业院校必须立足新发展阶段、坚持新发展理念、深入推动改革创新，推动实现高质量发展。本人在北京青年政治学院工作多年，对于高职教育的现状和发展有着较为深入的了解。机缘巧合，加之领导同事促成，使我有机会将平时工作中积累的一些关于高等职业教育发展的思考和粗浅见解梳理成书。

本书第一章系统回顾了高职教育的发展历史；第二章侧重高等职业院校的文化建设。因本人所在的北京青年政治学院其前身为

1956年成立的北京市团校，由此本章也运用一定篇幅阐述了新媒体在高校共青团工作中的运用；第三章高等职业院校的教学管理。本人长期在教务处工作，对于专业建设、教学改革、疫情期间的在线教学感触颇多，这次有机会成书，得以将平常工作中的一些心得体会整理出来，供大家探讨；第四、五两章则更多的是侧重于产教融合、集团化办学和走出去。高职院校是在适应地方经济发展中产生和发展起来的，服务地方经济发展、为区域经济转型升级培养高素质技能人才，是高职院校的一项重要使命。高职院校的创新发展必须融入当地经济社会，创新办学思路，促进"校企合作、工学结合"，提升办学质量，为区域经济发展培养高技能人才。

本书撰写过程得到了家人和亲友的大力支持与帮助，在此一并表示感谢！书稿撰写过程时间紧迫，加之日常工作繁重，若有疏漏之处，敬请各位谅解。

阳松谷

2021年12月于北京

目 录

第一章 高等职业教育的发展历史 …………………………… 1

 第一节 中国古代分散式职业教育的主要内容和特点 ………… 4

 第二节 近代学堂集中式职业教育的兴起与发展 ……………… 16

 第三节 新中国成立后职业教育的发展 ………………………… 24

第二章 高等职业院校的文化建设 …………………………… 41

 第一节 用文化自信引领一流高职院校建设 …………………… 43

 第二节 新媒体在高职院校共青团工作中的运用 ……………… 52

第三章 高等职业院校的教学管理 …………………………… 61

 第一节 以新闻传播专业为例的高职院校专业建设 …………… 63

 第二节 1+X证书制度下高职院校的人才培养模式革新 …… 72

 第三节 后疫情时代高等职业院校的在线教学 ………………… 83

第四章 高等职业院校的产教融合、集团化发展 ………… 93

 第一节 首都高职院校在京津冀一体化之下的产教融合发展 … 95

第二节　高等职业院校混合所有制办学……………………103

第三节　高等职业院校的集团化发展…………………………109

第五章　高等职业院校的国际化与走出去……………………147

第一节　国外高等职业教育的比较研究………………………149

第二节　"一带一路"倡议下高等职业教育"走出去"……178

第三节　中国职教走向世界：鲁班工坊模式研究

　　　　——以吉布提鲁班工坊为例……………………186

参考文献………………………………………………………194

第一章
高等职业教育的发展历史

关于教育的起源,根据马克思主义关于劳动创造人的基本思想而形成的理论,劳动创造了人类,认为教育起源于人类特有的生产劳动。一方面,人类在不断的发展进化中,逐步学会了创造工具、使用工具,因而慢慢地积累形成一定的技能、技巧,积累了一定的经验。另一方面,为了维持人类的生存和发展,必须把上一代所掌握的技能、技巧和经验传授给下一代。这种传递生产劳动经验的活动即为教育产生的基础,应该说,是最早的教育了。

随着社会不断的发展变化,逐步有了社会分工,也就慢慢形成了不同的职业,从而使得这种以劳动技能为主要方式的教育,更加具有了专业性,逐步形成了职业教育。职业教育作为一个特定的概念,古往今来,有它的共同特征和范畴,在不同的历史条件下,职业教育的目的、内容、方式等会有所不同。同时,基于中华民族一脉相承的文化传统,使得职业教育又有一定的连贯性。

以史为鉴,可以知兴替。从职业教育发展的主脉络来看,其教育模式经历了古代小分散——近代大集中——当代分散集中相结合的发展模式。特别是随着现代网络的兴起,职业教育迎来了新的模式改变,需要我们深入研究探索,找出适应新形势发展需要的职业教育新模式。因此,我们研究职业教育,就应该本着"取其精华,去其糟粕"的精神,探寻职业教育的发展历史,承认历史的差别,理清发展脉络，审视当前形势，把握发展趋势，才能把职业教育自觉、准确、有机地融入社会发展大局中。

第一节　中国古代分散式职业教育的主要内容和特点

一、古代职业教育的起源

自从有了人类社会，就有了相应的教育活动，它以传递生产和生活知识、技能和经验为主，而且也是融合在生产和生活过程中随机进行的。人类早期的生产劳动只有自然分工，最初是男人外出打猎捕鱼，女人在家料理家务，兼采集可食性植物，后来又有男耕女织之分，有身强力壮从事重体力劳动、老幼病弱者从事轻体力劳动之分，均属于自然分工。

劳动人民在生产过程中所接受的教育可以说从原始社会开始，一直延续至今，技术和职业教育就是从中演进而来的，所以也有人认为人类最早的教育就是职业技术教育。从严格意义上说，既然称之为职业教育，应当是有职业以后才有的教育。但是一般的生产劳动教育不应也不能等同于职业教育，它不见得有职业定向，岗位性也是不确定的。如早期的狩猎，需要投掷、捕杀的本领，还要会制造武器、处理猎物等技能，并没有固定的职业分工。

据研究，我国古代"职业"一词，最早出自《国语·鲁语》中的有关记载："昔武王客商，通道于九夷百蛮，使各以其方贿来贡，使勿忘职业。"从当时社会发展的情况看，这里所谓的"职"，应该是执掌之事的意思,"业"字的含义,应该是记事方法,二者合起来大概相当于"本分"的意思。当然,这时候出现的职业一词的概念内涵,与现代"职业"的含义还有差别。而据《周礼·考工记》中得有关记载,那时候已经有了初步的职业分工,比如对于工匠类的职业,就分为轮、舆、弓、庐、匠、车、梓等多种,对于冶金方面的职业,也有筑、冶、凫等不同的分类。由此可见,早在2000多年前,我们伟大的民族就已有相当具体的职业分属了。而这些不同的较为初始的职业,不同的职业也有相应的标准和规范,要想把这些职业技能和规范传递下去,就必然要通过相应的职业教育,一代一代地传递给后人。可以说,伴随着这些原始的职业发展,职业教育也就应运而生。

关于职业教育的起源在古籍中,有许多关于远古时期生产劳动教育的记载。如韩非子在《五蠹》中记载:"上古之世,人民少而禽兽众,人民不胜禽兽虫蛇。有圣人作,构木为巢以避群害,而民说之,使王天下,号之曰有巢氏。"又曰:"民食果蓏蚌蛤,腥臊恶臭而伤害腹胃,民多疾病。有圣人作,钻燧取火以化腥臊,而民说之,使王天下,号之曰燧人氏。"又如《白虎通》记载:"至于神农,人民众多,禽兽不足,于是神农因天之时,分地之利,制耒耜,教民农耕。"从渔猎到农耕,正是人类早期生产劳动的体现。

可以说,社会分工开始于手工业与农牧业的分离,生产与营销的分离,从而使得职业种类的出现,概括起来,早起的职业分为可以分为农、工、商三大行业。据考,我国古代职业分工的出现,不会晚于距今3000年前的西周。

人类的需要不仅是生产物质资料以维系生存,还包括精神生活以及社会生活的种种需要,因此,教育不仅传递劳动经验,还传递人类生活所需的各种经验。如安全、繁衍等方面的需要，个体的认识、美的享受和自我实现等精神生活需要，以及群体交往、社会活动的规范、风俗习惯等方面的需要等。正是在适应和满足人类社会的整体需要过程中，才产生了教育活动。

二、古代以农谚为主的农业教育内容

虽然古代职业教育在不断的发展壮大，"三百六十行，行行出状元"，可见职业教育发展涉及的门类日益繁多，这也是社会生产力不断发展、社会分工不断细化的必然结果。但是，从中国社会发展历史主流看，特别是封建社会几千年历史看，农业，始终是中国古代的最主要、最基础的行业。因此，从广义的职业教育来看，关于农业方面的职业教育，可以说是中国古代职业教育的主要内容。我国农学史家认为，中国封建社会农业生产有三个发展高峰，即汉初、唐初与明初。期间，有很多关于农业方面的书籍问世，较为著名的是：西汉末年的《氾胜之书》、北魏的《齐民要术》、元代的《农桑辑要》《农书》、明末的《农政全书》、清中叶的《授时通考》等。从秦至唐，我国农业生产和农业科学，都有重大的发展。这与社会整个经济、政治状况有关，我们研究职业教育的历史，也必须要与当时的社会背景、社会生产力的发展结合起来。

而在农业职业教育中，流传较广、影响较大的，则是以农谚为主。农谚是指有关农业生产的谚语，是农民在长期生产实践里，对天时气象与农业生产关系的认识，不断深化和升华的基础上，产生总结出来的经验，流传相当久远，不少古书上已有记载。广义的农业生产包括农、林、牧、副、渔五业，农之中还包括农作物、果蔬、蚕桑等，这些内容在农谚中都有。同时，农业生产离不开土壤、肥料、水分、温度以至于季节、气象、气候条件，这些方面在农谚中占有大量内容。农业生产又是由人在进行的，因此农谚中还有很多内容离不开人与人的关系，经营管理的经验等。特别是在封建社会中，劳动人民被剥夺了读书识字的权利，他们的经验主要靠口头相传方式流传和继承下来，虽然寥寥几字，却是对农业生产与天时气象关系的深刻总结和高度概括，朗朗上口，易传易记，可谓道理深刻。例如，在没有温度计、湿度计的时代，要想知道气温是否适宜种播种，农民就拿多年生树木的生长状态作为预告农事季节的依据，因为多年生树木的生长在一定程度上反映了一定的客观气候条件，于是产生了"要知五谷，先看五木""梨花白，种大豆""樟树落叶桃花红，白豆种子好出瓮""青蛙叫，落谷子"等等。同时，也有一些警示或者教训的农谚，如"立冬蚕豆小雪麦，一生一世赶勿着""十月种油，不够老婆搽头"等谚语，却是失败教训的总结，提醒人们要抓紧季节，不误农时。

在关于农谚的记载中，古代不少书记都有记载，如东汉后期崔寔创作的《四民月令》、宋代沈括撰写的《梦溪笔谈》、元代郭守敬编撰的《授时历》等，都有关于农谚的记录。而影响最大的，当属民国时期费洁心编撰的《中国农谚》。早年曾参加中国民俗学会的浙江湖州人费洁心（1904—1969）潜心收集全国农谚5950余条，编撰了《中国农谚》一书，从时令、气象、作物、饲养、箴言等五大部分，系统介绍了中国各地的农谚，展示了中国农业生产和天时气象之间的紧密联系，呈现了几千年来劳动人民的丰富经验和宝贵智慧。

农谚具有一定的科学性。古代农业教育与历法有着非常密切的关系。我国古代讲求历法的准确，不断进行改革，每次改历，朝廷都要进行普及历法的教化。元朝天文学家郭守敬等人，总结了历代普及历法知识的经验，编撰了各种通俗易懂的歌诀、歌曲来传授《授时历》。因此，基于历法而来的农谚，看来似属简单浅显，其实包含着深刻的科学原理，需要我们予以分析说明。例如种植绿肥的农谚："若要草子好，经常三分燥。"一般地说，草子是喜欢湿润土壤的，但欢喜湿润并不等于不需要空气，农民特别指出"经常三分燥"。据科学研究证明，草子田土壤的湿度以70%左右最好，由于地下水位降低，增加了氧化层的厚度，缩短了还原层的厚度，可使根系及根瘤发展良好，这就是农谚的概括性和科学性所在。其他如"麦浇芽，菜浇花"6个字就概括了两种冬作的施肥关键；"山园直插，荡园斜插"，指出甘薯要根据不同水分条件，采取不同的扦插方式。"牛粪冷，马粪热"，在牛马粪中还分冷热，似乎没有道理，实际上由于牛、马的饮料不同，粪中微生物的活动也不同，发酵发热的能力是大有差别的。有些栽培措施不但影响产量而且影响品质。农谚中富有的深刻科学原理，很多需要我们用现代科学知识或通过具体试验研究，予以分析提高。

农谚具有一定的地域性。中国地大物博，跨越热带、亚热带、温带等区域，又具有高原、平原、丘陵、盆地等不同地市特征，因此，各地气候差异很大，对农作物的影响自然不同，从而使得农谚具有鲜明的地域性。沈括在《采草药》一文中指出："土气有早晚，天时有愆伏。如平地三月花者，深山中则四月花。此地势高下之不同也。""岭峤微草，凌冬不凋；并、汾乔木，望秋先陨；诸越则桃李冬实，朔漠则桃李夏荣。此地气之不同也。"因此，不同地区作物种类不同，播种、收获季节不同等。浙江农谚："麦黄种麻，麻黄种麦",陕西农谚则为"麦黄种糜,糜黄种麦",这是作物因地域而不同。华北农谚"七金、八银、九铜、十铁","秋收不耕地,来年不能定主意",这是反映北方冬季休闲、一年一熟耕作制的,在南方就不是这样,浙江农谚"草子种三年,坏田变好田","烂冬油菜旱冬麦",反映浙江地区冬季不是种绿肥,就是种大小麦、油菜以及蚕豆、豌豆等,很少休闲,更没有七月八月就耕地准备过冬的。地域性差别最大的是播种期,华北种麦的适期是:"白露早,寒露迟,秋分种麦正当时",浙江则是:"寒露早,立冬迟,霜降前后正当时"。种芝麻和小米,华北是:"小满芝麻芒种谷",浙江则是"头伏芝麻二伏粟"。

农谚具有一定的普遍性。在许多农谚里,虽然具有地域性特点,但是也具有一定的普遍性,对于一些农业经验,虽然地区不同,条件不同,却都有类似的说法。如大豆的"干花湿荚,亩收石八",南北各地都这样说;浙江农谚"割麦如救火"和华北农谚"麦收如救火"一样;"寸麦不怕尽水,尺麦但怕寸水"在浙江、苏北等地都有同样农谚;"六月不热,五谷不结","有钱难买大肚黄"等等都是普遍性的农谚。反映了作物的生物学特性,是本身遗传性的表现,其所要求的环境条件、栽培原理往往是具有共同性的,还有一些基本原理相同的栽培环节如深耕、增施肥料、中耕培土等,反映在农谚上也大体一样。如华北、陕西农谚"种田不上粪,等于瞎糊混";苏北农谚"不施粪,瞎胡混",浙江农谚"种田无师叔,只要肥料足";以及华北农谚"锄头有三分水"和浙江农谚"旱来锄头会生水"等等,意思都一样,所以,虽然农谚具有一定的地域性,但是有些农谚却是具有普遍性的,因此,也就得以广泛流传。

农谚具有广泛的群众性。农谚极大部分作者是广大的劳动群众,这就决定了农谚的思想、感情以至于表达形式必然是广大群众所喜闻乐见的,富有生活气息、泥土气息的,并且便于记诵,相互传播。其中最常用的是把生产技术措施与人的关系联系起来,最易为群众所接受。如说明拔秧以前要略施起身肥,以利发根,但又不必太多,农谚就说:"秧苗起身,还要点心",以"点心"来比喻起身肥的作用和分量,恰到好处。冬季种麦子没有灰肥是很大的问题,农谚用"无灰不种麦,无酒不请客"来强调说明灰肥的重要性。稻缺氮肥,叶片发黄,亟须增施肥料,农谚用"稻子黄恹恹,主人欠它豆饼钱"来讽喻。玉米打顶后可以促使植株生长有力,结棒子粗壮,农谚就用"玉米去了头,力气大如牛"来比喻,其他如"番薯不怕羞,一直栽到秋","种田草子河泥,小孩糖梗荸荠","秀稻黄,吃块糖;秀稻黑,没得吃"等都是生动活泼而又含意深刻的好农谚。在我们继承农谚遗产、总结农谚的特点时,必须把握农谚的群众性和通俗性这一特色。

古代农业方面的教育,虽然是一种群众性、自发性的,但是随着统治阶级的不断发展,古代农业职业教育中也有一些积极主动的尝试,形成了一些行之有效的制度。古代推进农业生产的社会教化古代农业生产中的最重要,也是影响取深远的制度是井田制和劝课农桑,可以看作是体现为社会教化活动形式的职业教育。

三、古代以师傅带徒弟为主的职业教育方式

古代以家庭为基本生产单位的自然经济,男耕女织,就是这种自然经济结构的核心,是家庭手工业与农业生产密切结合,以女织为主要内容的手工副业,又称自给自足的自然经济。在这种生产方

式之下，手工技艺的传授完全在家庭内部进行，父子相传，由于封建社会的家庭手工业介入了社会的商品交换领域，多少带来了一点竞争的因素，因此，推动了家传技术的教育活动，使其在内容上、质量上，都大大超过了井田制时期的家传技艺水平。

除了农业职业教育以外，一些具有显著职业特点的职业教育则更具有鲜明的特征。后来还出现了一批自行开业的手工业者，他们都是具有专业技能的工匠，从事生产的范围也很广，个体手工业有种经营方式：一种是在家里开作坊店铺，一种是出门揽活做"散匠"，不管哪种经营方式其技艺的传习大致都是相同的，即世业家传和收徒授业，家传形成了"族有世业"的状况。

但是在中国古代"重农抑商"的政策下，社会市场却是封闭的，人口流动极为困难，职业选择并不是很多。按照我国古代人社会身份划分为士农工商四民，古代社会上种种职业大致归纳为三教九流。"三教"指的是儒、释、道，三大传统宗教不仅深刻影响古代人思想和行为，而且三教相互影响并融合。"九流"又划分上九流、中九流、下九流。上九流：一流佛祖，二流神仙，三流皇帝，四流官，五流烧锅（酒厂），六流当，七商（垄断企业），八客（地主），九庄田（种田）；中九流：一流举人，二流医生，三流相命，四流丹青（画家），五流书生，六流琴棋，七僧，八道，九尼；下九流：一流巫，二流娼，三流大神，四流梆（更夫），五流剃头，六吹手，七戏子，八叫花子，九卖糖。三教九流，是古代底层中国人对不同职业的社会地位进行划分的等级。但是等级并不是严格区分，比如种田民众把自身职业也纳入上九流。同时，不同的时代，九流职业在不同版本有着不同分类，比如裁缝，皮影，衙差等，在不同的分类中，也属于不同的流派。

在这些不同的职业流派中，有着不同的职业教育内容，有着不同的行业规矩。比如，戏班子在舞台上耍弄的刀枪棍棒，平素是不能随便乱动的，上场前还要给这些道具行礼，不然演出时容易发生刀枪伤人事故。旦角不能坐在盔帽箱上，毕竟那是人要戴在头顶上的，不礼貌。而丑行可以坐在任何箱子上，因为那是他逗乐取笑、上蹿下跳的需要。后台禁止下棋，因为棋子是越走越散，如果戏班成员也越走越散，那班子就散伙了。再如，石匠干活不说话。石匠凿石头时需要全神贯注，所以石匠干活时任何人不能开口搭讪讲话，否则一旦工伤，找石匠说话的人就要负责。立碑的时候更是从一大早就开始要谨言慎行，万万不能说不祥之语，否则碑立不稳当，容易倒掉。石匠信奉的是石头神，每逢石头神的生日正月初一，石匠们都要歇工一天，祭祀神灵。

古代生产力发展程度尚处于较低水平，无论是农牧渔猎还是工商业，都是以人力生产劳动的形式为主，工作能力必须也只能在生产过程中逐步积累起来，所以早期的生产劳动教育，包括相应的职业教育，都是在生产劳动过程中进行的，就逐渐出现了师傅带徒弟式的教育模式，即师徒制的职业教育模式，以"父子相传，师徒相授"为传授方式，通过言传身教的教学方式，贯穿于手工艺、艺术、中医教育等行业，是中国传统职业教育的传承方式。

在中国过去的传统社会里，"天地君亲师"是妇孺皆知的信条。"君"与"师"的地位，一直是神圣不可侵犯的。比如："一日为师，终身为父"，更是社会师生及师徒关系的原则。"师徒制"通过师父的言传身教，习得职业技能的教育方式。"师徒制"历史悠久，据部分学者考证，早在奴隶社会时期"师徒制"就已经存在于中国社会，并成为当时最主要的职业教育形式。这一时期的"师徒制"

大致呈现以下的特点：一是，学徒一般是熟人推荐，有严格的拜师礼；二是，教育效率不高，教育周期长，一般在5年以上；三是，以言传身教为主要传授方式，强调实践教学；四是，师父与学徒之间存在一种不平等的雇佣关系，雇主以师父身份向学徒传授技艺，学徒为雇主提供劳动服务，酬劳少，合法权利无法受到保护。

我国古代工艺技术的传承，尤其是制造技术、冶炼技术、纺织技术、建筑技术等应用性科学技术的传承，无不是靠师徒制的方式来进行，由于在几千年的封建社会中，技术应用的地位很低，师傅只能称其为"匠"，其技术称为"艺"，徒弟也称"艺徒"，是一种依附于生产同时又带有目的性和组织性的职业技术教育形式。

据《考工记》记载，艺徒训练已具有初步的专业分工，当时官府手工业有木工、金工、皮工、砖瓦陶器之工以及着色装潢之工、刮摩雕刻之工等生产部门，各类工艺又细分出30个工种，世袭家传的手工艺，专业分工只按产品类别区分例如分为治剑的匠人，造车的匠人等。官营手工作坊生产规模大，往往进行批量生产，有可能在制作同一器物时，将生产工艺分解得更细，按专业安排生产和训练艺徒。如制造车奥的可以分为制轮之工与制奥（车厢）之工，其他器物的制造也可以有此分化，大大提高了艺徒训练的专业化程度，这是家庭手工业父传子继所难于做到的，春秋战国时期的官方作坊，是由工商食官制向封建社会官营工业转化的过渡形态，艺徒训练在转化过程中得到进一步发展。

四、古代职业教育的宝贵思想

中国古代高度重视礼制教化，与治国大计紧密相关，因此教育思想十分丰富,其中也不乏与职业和技术教育相关的思想观点。但总的来看,古代生产力和技术水平有限,发展进度缓慢,专门化的职业分工尚不明细,生产知识和技能的学习主要是在生产劳动过程中获得,在"体脑分离"的状况下,形成不了学者的专门研究领域,传统儒家重道义轻技艺,关注的多是与道德修养、治国方略相关的教育问题,只有少数重视"实学",关注民生的学者涉及与职业教育有关的论述,其中也不乏精辟之见。

狭缝中生长的科技教育思想。以"君权神授"为主要内容的封建迷信思想,是古代中国信仰的基本内容。传统儒家总体上是重道轻艺的,他们要培养的是掌握修己治人之道的君子、贤士,即具有高尚的德行操守、又掌握治国之道的士大夫,而技艺之学则被视为"雕虫小技",不会有多大出息,只是小民百姓学以谋生的资本。

虽然科学技术的探索难以受到重视,但是也有一些科技教育的思想不断地发展。最早在先秦典籍中,已经对科技教育有一套独特的见解,其中,最著名的就是"六府""三事"之说。"六府三事,谓之九功。水火金木土谷,谓之六府。正德、利用、厚生,谓之三事",从著名实学家李塨在《瘳志编》中对"六府"的解释是:"言水,则凡沟渲漕挽,治河防海,水战藏冰,蓌榷诸事统之矣;言火,则凡焚山烧荒,火器火战,与夫禁火改火诸爕理之法统之矣;言金,则凡冶铸泉货,修兵讲武,大司马之法统之矣;言木,则凡冬官所职,虞人所掌,若后世茶榷抽分诸事统之矣;言土,则凡体国经野,辨五土之性,治九州之宜,井田封建,山河城池诸地理之学统之矣;言谷,则凡后稷之所经营,田千秋、赵过之所补救,晁错、刘晏之所谋为,屯田、贵粟、实边、足饷,诸农政统之矣。"

可以说,"六府"几乎囊括了古代各种应用性的科技活动,是我国科技教育的重要内容。用"六府""三事"概括科技教育的主要内容及重要原则，具有鲜明的中国传统文化特色。特别是战国时期墨子对科技教育的教育，在中国古代为科技教育的发展迎来了一个小阳春，他注重科学知识的研究和技能技巧的专门教育，在中国古代教育中别树一帜。比如，墨子关于点、线、面、体的研究，与今天几何学的观念相通；他对于小孔成像的研究，对于应用杠杆原理而发明的云梯攻城之术等，对于中国古代科技教育的发展，起到了积极的推动作用。

虽然古代科技思想不被统治阶级重视，但科技的发展又是社会文明进步的趋势，相应的教育也是必然需要的，因此也会受到一些思想家教育家的重视。

安身立命的技艺教育思想。古人素有"修身齐家治国平天下"的教育理念，其中，安身立命的理念，乃是最基础最重要的。因此，古代不少教育家都非常注重对于个人的教育，倡导安身立命。其中，典型的代表当属颜之推。他生活在战乱频繁的南北朝后期，结合自己安身处世的经验，为教育子孙后代，他写了《颜氏家训》20篇，是一部系统的家庭教育著作，成为后来封建社会家庭教育的重要材料，被誉为"家教规范"。其中很鲜明的一个观念就是："父兄不可常依，乡国不可常保，一旦流离，无人庇荫，当自求诸身耳！"他认为，无论世事如何发生变化，如果有"学艺者"，掌握一技之长，便可"触地为安"。即随处能够养家糊口。所以他引用民谚："积财千万，不如薄技在身。这可以说是永恒的至理名言。颜之推指出："人生在世，会当有业。农民则计量耕稼，商贾则讨论货贿，工巧则致精器用，技艺则沉思法术，武夫则惯习弓马，文士则讲议经书。"这里明确强调，人要谋生就要拥有一份职业，各类职业又分别有各自的能力和技术要求，从业者必须努力治学求精。告诫士大夫子弟不要瞧不起这些"下三流"的职业，行行出状元，同样值得学习。这些都是非常难得的教育思想。

注重实用的实学教育思想。相对于儒家空洞的理论，明末清初的颜元则大力倡导实用的教育思想，属于实用实学思想的代表。他出身贫寒，青年时期为生活所迫，亲自耕地灌园，并曾学医养家，拒绝参加科举，大力批判占统治地位的程朱理学，强调"实学"，提倡"习行"。他认为圣贤是能利济苍生的人，有实才实德的人，而且应是掌握一定专业技能的人。他特别重视"专才"，指出："学须一件做成，便有用，便是圣贤一流。试观虞廷五臣，只各专一事，终身不改，便是圣；孔门诸贤，各专一事，不必多长，便是贤。"颜元主张培养专才，实施分科教学，在中国古代可谓已达到实施专业教育的高峰。

第二节　近代学堂集中式职业教育的兴起与发展

中国进入19世纪后，封建统治加速衰败，经济上从明代开始孕育的资本主义的萌芽，由于清朝统治者"重农抑商"的经济政策而受到严重阻碍，此事西方国家完成了资产阶级革命，实现了工业革命，社会形态发生根本变革，正是处于上升强势，而清王朝则实行闭关锁国，导致越来越落后于西方世界在思想观念方面，几千年来的儒家传统思想已经逐渐变得呆板僵化，科学技术被视为"奇技淫巧"而遭到冷落。

随着列强的侵略逐步加深，中国的民族危机逐步深化，中国社会的变革势在必行。西方科学技术及相应的文化教育也伴随着侵略者的"坚船利炮"进入中国，并施以巨大影响，为应对内忧外患的局面，以建设近代军事为标的，19世纪60年代开始的"洋务运动"在引进西方技术、兴办军工企业的同时，举办新型的工艺技术学校以培养生产所需的技术员工，近代教育由此产生。

一、"师夷长技以制夷"的职业教育萌芽与发展

甲午中日战争后，中国国势危如累卵，为救亡图存，变法维新的浪潮涌起，近代教育改革进入到全面开展的阶段，出现了国人自办的普通大中小学，农工商各类专业技术学堂也开始兴办，为近代教育体制的建立奠定了基础。

以鸦片战争为标志的西方列强入侵，对中国产出了史无前例的深远影响。正李鸿章所言，此乃"数千年来未有之强敌"，"数千年来未有之变局"。究其原因，这次战争与之前的多次战争不同之处在于：中国古代历次战争，都是单纯的武力征服，引起的只是朝代更迭，未能引起社会变革。从马克思主义的观点来看，就是生产力没有发生质的改变，因此，生产关系就不会发生大的改变。但是鸦片战争不同，在这次战争中，主要的原因就是西方列强的生产力发生的天翻地覆的改变，从而使得这场战争，不仅仅是一场武力征服，更是一场先进的科学技术和社会制度引起的深刻变革。

而在这种变革过程中，西方列强追求的并不是政治权力的取代，追求的是资本经济利益，也就是说，西方列强的入侵，是遵循资本主义以谋求经济利益为首位的策略，因此，其所要求的政治权益也是服务于保障经济利益的，军事打击更只是手段而已，并不急

于一下子占领乃至灭亡整个中国，也不是取代清王朝的封建统治。因此，西方列强这种以经济利益为主要目的的入侵，给清王朝统治者以及一些有识之士提供了反思和采取应对策略的余地。

而由于中国历来重视教育的特点，因此，统治阶级在寻求策略的过程中，首先选择了从教育上入手。在这种情况下，中国近代新教育的切入点不是从小学开始循序渐进，也不是由大学率先顶层带动，而是从技术教育入手，从而使得中国近代教育呈现出以职业教育为主导的发展模式，西学东渐的历史序幕被正式拉开。1842年中英南京条约规定："自后有传教者来至中国，须一体保护。"基督教传教士是此时文化渗透的主力，在中国建教堂发展信徒，同时创办教会学校。据统计，1860年以前，仅基督教新教开设的学校就有50所，学生1000余人。

与此同时，鸦片战争失败后，当时一些救亡图存的有识之士，鉴于英国侵略者"船坚炮利，工精器巧"，感到不能再盲目自大、一味守旧。如魏源是林则徐的好友，他在林编《四洲志》的基础上编《海国图志》，介绍西方国情，在林则徐提出"师敌之长技以制敌"的基础上，魏源在该书序言中告诫说："善师四夷者，能制四夷；不善师外夷者，外夷制之。"提出要"师夷之长技以制夷"，即要学习西洋人的先进技术，用于抵御西洋人的侵略魏源指出当时"夷之长技"主要表现在战舰、火器、养兵练兵之法等三个方面，率先主张学习和引进西方的军事工业、军事训练方法等，这一主张在当时可以说具有划时代的思想意义，因为他突破了数千年来中国两大传统观念：一是在义利关系上，突破了重道义轻功利，将"技艺"之学视为末流的传统，而公开推崇所谓"长技"。二是在中外关系上，突破了儒家强调只能"以夏变夷"，而不能"变于夷"的戒律，即只能用中华文明来改变外国人，而不是相反，而公然号召"师夷"，如此离经叛道是需要有很大的勇气的。

这种思想，也得到了太平天国领导人洪仁玕的呼应。洪仁玕将西方先进的工艺制作视为"宝"，他认为："火船、火车、钟表……等物，皆有夺造化之巧，足以广闻见之精"他还主张让外国人来中国传授这些新科技、新知，"凡外国人技艺精巧"者，在不干涉中国内政的条件下，准许"教导我民"。魏源、洪仁玕等人提出学习西方先进技术的主张，倡导"师夷之长技以制夷"，对于推动中国近代职业教育起到有力的促进作用，拉开了学习西方特别以创办新式军工企业为主的所谓"洋务运动"的序幕。

较有代表性的当属1866年底左宗棠奏请设立的福建船政学堂，办学宗旨就是"习学洋技"，培养目标是使学生能依靠推理、计算来理解蒸汽机各部件的功能、尺寸，因而能够设计、制造各个零件，使他们能够计算、设计木船船体，并在放样栅里按实际尺寸划样，同时设置了蒸汽机制造和船体建造等实习课，以便学生熟悉车间的工作，并逐渐培养指挥工人的能力。福建船政学堂敢于挑战旧学教育机制，创新科举制度，重义理、轻技艺的教育模式打破了传统教育理念，同时也吸引了大量的科技人才以及海事人才，不仅在海上战争中有重要的作用和影响，对当代社会教育理念的影响也非常突出。可以说，福建船政学堂是按照西方模式办理的第一所近代技术学校，被视为中国近代职业教育的开端。

二、新文化运动对职业教育的影响

20世纪初期，以胡适、陈独秀、鲁迅、钱玄同、李大钊等为代表的新式教育代表人，在中国发起了一次"反传统、反孔教、反文言"的思想文化革新、文学革命运动，史称新文化运动，提倡科学，反对迷信，提倡民主，反对独裁，提倡白话文，其基本口号是拥护"德先生"和"赛先生"，也就是提倡民主和科学，如沉寂千年的死海水面上吹来的一阵清风，中国的传统迂腐的思想终于泛起了几圈涟漪，唤醒了一代青年，在中国社会上掀起一股生气勃勃的思想解放的潮流。

新文化运动是中国近代史上一次空前的思想解放运动。它高举民主与科学的旗帜，对封建专制制度和封建思想文化进行了一次猛烈的扫荡，促进了中国人民特别是知识青年的觉醒，为马克思主义在中国的传播创造了条件，也为中国共产党的诞生做了思想准备。虽然新文化运动持续的时间不长，一般认为以五四运动为界限，分为前后两个时期，前期是从1915到1919年，后期是从1919年开始，大概于20年代结束。但是新文化运动时期，恰恰是中国掀起教育改革新浪潮的时期，更是职业教育从旧的实业教育开始向新的职业教育转型时期，因此，对职业教育有着深远的影响和意义。

一是在教育理念上，呈现出追求公平、重视平民教育等先进倾向。受新文化运动思潮的影响，开始注重对劳工地位的提升和对平民的教育，封建时代重士农、轻工商的传统观念开始动摇，同时也是受一战及战后世界工人运动高涨的影响，广大劳工成为社会关注的重点对象。

"劳工神圣"的口号率先由蔡元培提出，并满怀激情地鼓动："此后的世界，全是劳工的世界呵！"此后很多报刊上都出现了《劳动专号》，呼吁关怀劳工的工作、生活，以及他们的教育伴随劳工地位在社会意识中的提升，此时也是平民教育运动蓬勃开展的时期，当时成立了各种平民教育社团，尽管各派平民教育的具体主张各有侧重，而共同之处都是强调平民的受教育权利，打破少数人独占教育的特权，要使普通平民获得文化知识和生活技能。

胡适在《归国杂感》中感叹："学校只管多，教育只管兴，社会上的工人、伙计、账房、警察、兵士、农夫……还只是用没有受过教育的人"，"社会所需要的是做事的人才，学堂所造成的是不会做事又不肯做事的人才"企业用不上合适的人才，学生找不到合适的出路，学校教育与社会需求脱节的尖锐的矛盾驱使社会有识之士认真思索改革教育的问题，提出的乡村建设中开展的"四大教育"，即是文艺教育、生计教育、卫生教育和公民教育，其中的生计教育，就是"要训练农民生计上的现代知识和技术，以增加其生产"，"换言之，要从生计教育着手，以达到农村的经济建设"，倡导教育面向平民特别是面向劳工，为新的职业教育的开展奠定了立足点。

二是在教育规划上，呈现出系统性、顶层设计的新趋势。新文化运动对教育界产生的重大影响，体现到职业教育上，就是开始着眼于具体构建新的职业教育体系的设计。

被誉为德国职业教育之父的凯兴斯泰纳（Georg Kerchensteiner）信奉歌德的名言："真正的教育只有通过职业教育才能完成"，他指出："公立学校（包括国民学校、继续教育学校和高年级学校）的首要任务就是要发展职业教育，或者说是就业前的准备教育"。

当时比较有影响力的杂志，如《教育杂志》《教育世界》和《教育与职业》等，都发表了许多世界各国的职业教育思想和制度的研究文章。如朱元善编辑的《职业教育论》，翻译和介绍英德美等国的职业教育，大力推崇国外职业教育经验，设计了半日制和全日制职业补习学校的课程体系，并提出我国的职业教育要形成职业教育课程、职业补习教育、艺徒补习教育、职业继续教育和职业专门教育等完整的教育体系。再如，黄炎培把世界发达国家的职业教育制度归纳为两种类型，一种是德国、日本式，一种是英国、美国式。他认为根据中国的历史和现状，宜选择英美式职业教育制度，但也要借鉴德日模式，试图将美国和德国的职业教育制度相结合。

这些新思想和理念，对后来开展职业教育体制建设、系统性规划、推动职业教育新发展起到了关键影响。

三是推动掀起了职业教育"雨后春笋式"发展的新高潮。在新文化运动营造的民主、开放氛围下，在热心职教的学者的大力提倡和教育工作者的积极响应下，掀起了兴办职业教育的高潮。

根据中华职业教育社统计，全国1921年共有各类实业学校842所，其中农业学校占48%，工业学校12%，商业学校18%。从分布说，江苏、山东都有百所以上，河南、山西、湖北、陕西有50所以上，其他省区相对较少。此时一些普通学校也增设了兼施职业训练的课程。如江苏省第一师范附小1917年起即设立商业科，其课程有旧式记账法、珠算、验币等，设立缝纫、园艺、烹饪科，后来又设立了印刷、水泥工、油漆工、修理工、铅工、车木工、农业、机械、电灯、电话诸学科。上海市和安高等小学1917年时亦已设置商业科、工业科等。

这些职业教育的一个鲜明特色就是平民化、大众化，关注的重心低，全都是在基础教育和职业教育层次，强调普及教育，生活教育，注意个性的发展，可以说是中国教育从近代迈入现代的一次重大变化和飞跃。

三、革命根据地鲜明的职业教育

1932年南京国民政府颁布了《职业学校法》,以法律的形式推动职业教育的规范性建设。该法规定了职业教育的基本任务是"遵照中华民国教育宗旨及其实施方针。以培养青年生活之知识,与生产之技能"。民国时期《职业学校法》的颁布在职业教育向规范化方向发展方面起到了积极的推动作用。

1927年国共分裂后,中国共产党就开始了自己领导的武装斗争。从1927年到1934年,中国共产党领导的红军建立了一批农村革命根据地,以江西的中央苏区为中心。抗日战争期间,国共合作结成抗日民族统一战线,我党以陕甘宁边区为中心,在敌后建立起抗日根据地,坚持到抗战胜利。此后又进行了3年多的解放战争,解放区不断扩大,最终取得了全国解放。

革命根据地是进行革命斗争的基础和依托,要维护根据地就必须建设好根据地,根据地的教育是其中的重点之一,发挥了培养革命骨干力量、提高群众革命觉悟和文化水平、生产能力以及培养下一代的重要作用。与民国职业教育的发展相比,共产党领导下的革命根据地职业教育,具有其鲜明的革命性特色。其主要特点有三:

一是服务于革命需要的教育体制。革命根据地长期处于敌人的围剿和封锁之中,武装斗争是置于第一位的,因此革命根据地教育必须首先服务于革命战争的需要,首先是要培养大批干部作为武装斗争的领导和骨干,以保证军队和地方建设的需要,干部教育中有一部分属于技术和职业教育的内容。到了解放战争时期,特别是后期解放战争战略大进军的阶段，为新中国建设做准备提到议事日程上，教育转向正规化的意识加强，职业学校教育也开始兴办。

二是"短平快"的职业教育形式。1934年，中央教育人民委员部颁布的《短期职业中学试办章程》，是中国共产党历史上第一个发展职业技术教育的纲领性文献，其中规定，"职业中学以完成青年的义务教育，使能了解马克思列宁主义的最低限度的常识及实际的生产劳动之一种为任务"，"试办1年至2年毕业的短期中学，以适应紧张的革命战争的需要"。短期职业中学的课程，先后创办了无线电学校、红色护士学校、红色医务学校、红军卫生学校、高尔基戏剧学校等。

三是服务于实战需要的特色教育课程。抗日战争时期，在陕甘宁边区以及各敌后抗日根据地举办了一批革命干部学校，有农业学校、工业学校、卫生学校、财经学校、师范学校等。各解放区普遍注重职业教育的发展，开始兴办正规的职业学校，课程设置也逐渐规范化，包括政治课、文化课和业务课三类，设置比较齐全。提出了职业教育的目的是培养专业干部、鼓励行业部门办学，学制灵活掌握等方针，为新中国成立后的教育发展奠定了基础。

第三节　新中国成立后职业教育的发展

1949年10月1日中华人民共和国成立，我国进入了新的历史时代。随着社会制度发生根本变革，教育事业出现焕然一新的面貌，教育的宗旨、目的、任务有了重大改变，各级各类教育蓬勃发展。职业教育取得了显著成就，同时也经历了曲折历程。

一、新中国成立初期中等技术教育的发展

职业教育理念的更新变化。新中国建立之初,国家面临的主要任务是恢复经济和国计民生,保障和巩固来之不易的新民主主义革命胜利果实,同时在全国范围内全面开展国家建设。因此,教育事业的发展,必须要紧密地配合过渡时期的总路线及各项方针政策。如何改造旧的教育制度,就成了首当其冲面临的问题。当时的观念认为,旧社会职业教育的出发点是为剥削阶级培养合格劳动力,因此,必须要用新的专业技术教育取而代之。1949年12月举行的第一次全国教育工作会议确定"中华人民共和国的教育是新民主主义的教育",主要任务是"提高人民文化水平,培养国家建设人才,肃清封建的、买办的、法西斯主义的思想,发展为人民服务的思想"。这一理念为新中国成立初期职业教育的发展明确了办学方向。

新的专业技术教育初步探索。1951年10月,政务院颁布《关于学制改革的决定》,这是新中国建立后制定的第一个学制体系,学制改革的基本方针是"教育为国家建设服务,学校向工农开门"。它体现了人民民主国家教育的先进性,在世界教育发展史上也是一次极有价值的尝试和探索。在普通教育领域的最显著改动是将四二制的小学变为五年一贯制,旧中国90%以上的小学生只能读完四年小学,改为五年一贯制,就是要保证城乡劳动人民子女受到完全小学教育。另外也是最重要的,就是弥补了传统学校系统中没有工农干部学校和业余补习学校地位的缺陷,设立了工农速成中小学和业余中小学。

这一学制从整体框架看,与传统学制有本质区别,而更多地继

承了老解放区的教育体制。其中普通教育相当于老解放区的儿童教育，工农业余教育相当于老解放区的群众教育，但是层次均上升到中等教育；高等教育则相当于老解放区的干部教育，学制规定，高等学校毕业生由政府分配工作，享受干部待遇，新学制的主要特点是普通教育与工农教育、业余教育并举，均可通向高等教育，这样就从制度上消除了"双轨制"的痕迹，体现了人人均有机会接受完全教育。

中等专业技工学校的发展。新中国成立初期，为了解决失业者就业问题，举办了一些技术培训机构，成为劳动部门举办技工学校的前身。随着经济的恢复和发展，生产部门急需补充技术工人，于是技工教育制度也建立起来，国家第一个五年计划"156项重点建设工程"兴起，促进了技工学校的举办。

1953年政务院决定由劳动部门对技工学校进行综合管理，因为招工计划由劳动部门掌管，所以技校的举办、招生都由劳动部门决定。劳动部门自身办了一些技校，主要是通用型的技能训练，行业部门也办有自己的技校，为本系统招工服务。更多的技校是大中型企业举办的，为本单位培养新的技术工人。技校学生享受人民助学金，其待遇比照中专学生标准支付。毕业生由其产业管理部门分配工作，中专与技校分别以培养中等专业干部和中级技术工人为目标，被录取进中专和被录取进技校，也就意味着分别完成了招干和招工手续，这是当时计划经济及劳动就业制度下的产物。

在当时的社会背景下，职业教育的学校及专业（工种）的设置，以及招生和毕业生分配形式，都是高度计划型的，难以充分顾及个人择业和单位用人的具体需求和意愿。不过技校由劳动部门主管，行业乃至企业办学，其就业意识和教学的岗位适应性都比较强,技校也是始终认同于职业教育的,但毕竟是先定位后培养,学校教育本身对就业的作用不大,与一般意义上以就业为导向的职业教育仍有区别。

农村职业教育的兴起。新中国成立之初的七八年间,随着社会秩序的全面恢复和经济建设的大力开展,教育事业在党和政府高度重视下也得到蓬勃发展,其速度之快是旧时无法相比的。1958年3月,时任中共中央宣传部部长陆定一在南京召开的民办农业中学座谈会上号召"动员群众的力量办各种职业中学,特别是创办农业中学,使不能进普通初中的小学毕业生都能升学,这是一个好办法。"他提出普及初中的办法,一种是普通初中,另一种是职业中学,用两只脚走路,高中也有普通高中和职业高中。他指出:"这两只脚都是正规教育,两只脚会变的,一时大些,一时小些,如果说这个教育不是正规教育,那么,中央教育部可改称'普通教育部',另外成立一个'职业教育部',我看这不好,中央教育部都要管,问题是管法不一样,不要墨守成规。"这是自新中国成立以来官方首次提倡职业教育,它与普通教育并列,而且同属正规教育,但需要办出新的特色。

在这一背景下,职业教育得到了迅速发展。据统计,到1956年,全国中等农业学校的数量达161所,在校生数超过10万人。与此同时,农村更是进入了人民公社化的新阶段,群众自办的农业中学兴起,农业中学在各地大办起来,全国农村初级中学纷纷改为农业中学,1958年的一个短时间内,23个省就办起了近6万所,几乎乡乡都办了农校,提倡建立一些"半农半读"的农业中学,积极推行耕读结合,积极采用"四四制"(4小时学习,4小时劳动)、"六二制"(6小时学习,2小时劳动)等方式,开展半农半读,使得农业教育更好地面向农村，面向农民，面向生产。据统计，到1965年，全国307所中等农业学校中，实行半农半读的有220所，半农半读学生占在校生数的52%，160所中等农业学校还实行了社来社去的办法，农业中学办学效益显著，不仅适合当时的中国国情，而且是教育与生产相结合的探索性尝试。

城市职业学校的兴办。三年经济困难之后，经过调整整顿，教育事业有了一个比较稳定的基础，逐步与经济发展协调起来，特别是城市经济的恢复和产业的提升，对有一定技能的劳动者的需求大增，城市职业教育的发展也提到议事日程上。

1963年7月，中宣部发出《关于调整初级中学和加强农业、工业技术教育的初步意见（草案）》提出要按照过去的传统办学经验，继续发展中专和技工学校的基础上，加快发展多种形式的职业和技术教育。10月，周恩来总理根据汇报，召集有关部委负责人讨论中小学教育和职业教育问题，指出光有普通中小学教育而没有职业教育是不行的，强调职业教育十分重要，必须努力办好。此后，各种职业学校发展很快，到1965年，全国有职业学校近7300所，在校生54万多人，新中国职业教育迎来了一个良好的发展时期。

二、改革开放后职业教育的恢复和发展

改革开放前，特别是20世纪六七十年代，由于对职业教育的作用认识不足，指导思想上有偏差，职业教育实际上被挤到一个很小的发展空间中，无法得到充分的重视和社会认同，屡遭曲折。但职业教育毕竟是国民经济建设发展的需要，是个人就业和生涯发展

的需要，因而，一旦治国方略转向发展经济和改善民生，职业教育必将获得新机遇。因此，当改革开放的春风在神州大地吹起的时候，职业教育必将迎来一个新的春天。

1979年后我国进入到改革开放的新时期，在以经济建设为中心的党的基本路线指引下，各条战线都出现了欣欣向荣的发展态势，职业教育也不例外。

职业教育概念的法律地位确立。教育领域以恢复高考招生、终止上山下乡运动为拨乱反正的主要标志，以中等教育结构改革为教育体制改革的重大举措，产生了新型的职业高中，高等职业教育也正式产生，职业教育自20世纪80年代后迅猛发展，到90年代后期，中等职教已占有高中阶段教育的半壁江山，法规建设和各类制度建设基本完备。此外，职业教育的概念也正在逐步确立。1985年《中共中央关于教育体制改革的决定》、1991年《国务院关于大力发展职业技术教育的决定》、1993年中共中央、国务院发布的《中国教育发展与改革纲要》均使用"职业技术教育"的称谓，教育部的文件也基本上都是使用"职业技术教育"的称谓。但是此间也不乏使用"职业教育"称谓的，例如1982年《中华人民共和国宪法》和党的十二大报告、1991年党的十届七中全会公报等，都是使用"职业教育"的称谓。1996年《中华人民共和国职业教育法》颁布，职业教育的概念才从法律的角度最终得到确认。

职业教育改革势在必行。十一届三中全会以来，各级各类教育逐步走向正轨，国民经济的恢复和发展对各行各业专门人才的需求日见迫切，过去片面发展普通高中造成中等教育结构的严重失调，在毕业生无法直接升学而且普遍上山下乡的情况下，升学和就业的问题就都尖锐地凸显出来。

随之而来的农村经济体制改革导致生产劳动制度和方式的剧变，使安置城镇人员到农村无论是主观上还是客观上都难以再行得通。这在新中国历史上尚属首次遇到，城镇必须自行开展全面的就业及再就业工程，农村也出现了不曾有过的就业、立业问题，以往的从业体制已无法维持下去，教育体制的改革也是势在必行了。

1978年4月22日，邓小平在全国教育工作会议上强调"整个教育事业必须和国民经济发展的要求相适应"，他提议："应该考虑各级各类学校发展的比例，特别是扩大农业中学、各种中等专业学校、技工学校的比例"，率先发出了改革中等教育结构的号召。党的十一届三中全会以后，改革之风吹遍华夏大地，教育体制改革也提上议事日程。

1980年8月，中共中央在批转全国劳动就业会议文件的通知中要求"有步骤地改革现行的教育制度，改变中等教育单一化、与经济建设严重脱节的情况""必须积极地逐步地把一部分普通中学改为职业学校"。1980年10月，国务院批转教育部、国家劳动总局《关于中等教育结构改革的报告》，报告强调改革中等教育的结构、发展职业技术教育是当前亟待解决的问题，指出中等教育结构改革主要是改革高中阶段的教育，"应当实施普通教育和职业、技术教育并举；全日制学校与半工半读、业余学校并举；国家办学与业务部门、厂矿企业、人民公社办学并举的方针"，"要提倡各行各业办职业（技术）学校。可适当将一部分普通高中改办为职业（技术）学校、职业中学、农业中学"。

在党和国家领导的高度关怀下，中等教育结构改革全面开展起来，主要措施是将部分普通高中改办为职业中学、职业（技术）学校或在普通高中设职业班，这类学校和班，可由教育部门自己办，也可以与其他业务部门、企事业单位联合办,隶属关系不变。同时发动各行各业举办职业中学、职业(技术)学校或举办学制长短不一的职业技术培训班可举举办职业技术教育中心,要改革和办好中等专业学校和技工学校。在党和政府的大力支持下,职业学校从无到有,至1985年已发展到8070所,在校生29.6万人,相当于当年中专、技校在校生人数之和的1.3倍。

职业高中的大力兴起。职业高中是20世纪80年代初中等教育结构改革的产物,也有用职业中学、职业中专、职业技术学校等作为校名的,其与当时普通中专、技校的不同主要在于它的来源,即都是在原来普通中学基础上建立起来的职业学校。学制一般为3年,少数是2年或4年。有的职业高中最初有主体专业领域,类似传统的中专技校,如外事职业高中、财会职业高中等。有的则一开始就没有特定的专业、行业倾向如北京劲松职业高中,设有中西餐烹饪、服装设计、新闻摄影、饭店服务、木工、室内装饰等多类专业,而是根据社会需要和自身条件设置和调整专业,这也是后来各类职业学校趋同发展的形式。

职业高中有其自身的主要特点:第一,毕业生不包分配,择需录用,择优录用,这是职业高中和当时中专、技校的最主要的区别。第二,人才培养紧密联系实际,紧密为社会经济发展服务,尤其是要为保障就业服务。第三,办学形式多样化,有的教育部门自办,有的是教育部门和业务部门联合办学,还有的是教育部门与用人单位协议培养人才,由用人单位提出所需人数和标准要求,学校以此设立专业和招生培养,用人单位予以不同程度和方式的协作,学生毕业后由用人单位根据协议录用。这种方式兼有单独办学和联合办学的优点,所以逐渐成为职业高中办学的主要形式,后来又称为"订单式培养"。

职业高中是改革开放后职业教育兴起的具体标志,特别是随着第三产业和农村商品经济的发展,职业(农业)学校数量跃居各类中等职业技术学校首位,它利用原中学的基础,投入小,见效快,促成了中等教育结构改革,奠定了中等职业教育的存在基础,有效地实现了初中毕业生分流,缓解了高校升学压力,而且培养了一大批有一技之长的劳动者,也促进了就业体制的改革,到1984年底,全国城乡职业中学发展到7002所,比1981年增加4347所,在校生达17448万人比1981年增加126.41万人,这是一个历史性的贡献。

短期职业大学的蓬勃发展。改革开放后,国家大力提倡职业技术教育,中等职业教育蓬勃兴起,特别是职业高中这类毕业生不包分配、自主择业的新型学校的出现,在高教界也产生了响应,这就是短期职业大学的兴办,成为高等职业教育兴起的先导。

1982年,第五届全国人大第五次会议提出:"要试办一批花钱少、见效快,可收学费,学生尽可能走读,毕业生择优录用的专科学校和短期职业大学",短期职业大学就是为补充地方所需人才尤其是应用型人才而产生的,以1980年建立的南京金陵职业大学为先,当时有13所短期职业大学被批准建立。到1984年,职业大学已发展到82所,覆盖20多个省市自治区,涉及各主要行业,在校学生4.7万人短期职业大学都是地方举办,招收自费生,多数走读,学制1至3年,学生毕业后不包分配,由用人单位择优录用。

职业大学的性质类似于职业高中,它的专业设置和教学内容均重视应用性、针对性及适应性,像金陵职业大学的园林绿化专业、广州大学的酒店管理专业、天津职业大学的眼镜专业、北京联合大学的商品检验专业等，都是以往普通高校所没有的。职业大学为地方培养了急需的应用人才，用人单位评价职业大学毕业生是"要得到，用得上，留得住"。

可以说，正是由于职业大学出现，才导致高等职业教育的推出1995年10月，教育部《关于推动职业大学改革与建设的意见》指出："职业大学是我国高等教育的一种办学形式，是高等职业教育的重要组成部分。"强调要"密切围绕培养应用型人才的特点，深化教学领域的改革"，"要从职业分析入手，根据一定的职业岗位（群）所需的知识能力结构并兼顾长远需要"来确定培养目标和设置专业，教学上要以能力培养为中心。

这些原则已经确立了高等职业教育办学的基本框架。职业大学的兴办也存在先天基础薄弱、社会地位不高、缺乏认同度、毕业生又不包分配等突出问题。职业大学多是社会力量办学，国家教育行政部门承认学历的只有一小部分，也导致其发展难度很大。

到2001年，经教育部批准改为职业技术学院的职业大学只有8所，不到总数的1/10，可见职业大学的总体办学条件还是比较差的，但它在开拓高等职业教育方面的贡献是应该载入史册的。

职业教育的发展高潮。1985年《中共中央关于教育体制改革的决定》将大力发展职业技术教育作为教育体制改革的重点，在中央决定的指引下，党和政府对职业教育高度重视，加强领导，给予政策措施上的有力保障，从20世纪80年代到90年代末，是我国职业教育发展的高潮期，中等职业教育的规模有了突飞猛进的扩展，占据了高中教育阶段的"半壁江山"，在规范管理和法制建设方面也取得了令人瞩目的成果。

职业教育坚持为社会主义现代化建设服务的方向，改革办学体制、培养模式和教学方法，教学质量和效益在逐步提高。1993年2月，中共中央、国务院发布《中国教育改革和发展纲要》，确定了到20世纪末包括职业技术教育在内的我国教育事业发展的目标、战略和指导方针，充分调动各界的积极性，"形成全社会兴办多形式、多层次职业技术教育的局面"。

1994年7月，国务院又发布《关于《中国教育改革和发展要》的实施意见》，提出："在政府统筹管理下，主要依靠行业，企事业单位、社会团体和公民个人举办，鼓励社会各方面联合举办。政府通过专项补助和长期贷款等形式给予必要的扶持"，计划到2000年，50%—70%的初中毕业生进入中等职业学校或职业培训中心，各类中等职业学校在校生数占高中阶段学生数的比例，全国平均保持在60%左右，普及高中阶段教育的城市达到70%，全国逐步建成2000所重点中等职业学校或培训中心。

同时，提出要积极发展高等职业教育及多样化的高中后职业教育和培训，要在全社会实行学历文凭和职业资格证书并重的制度，强调"成人学历教育应向多样性、职业性方向发展。各类成人学校要加强同普通学校、职业学校的联系与合作，提高办学效益，努力办出成人教育特色"。还首次提出开展残疾人职业教育的意向，倡导大、中城市和经济发展程度较高的农村应积极发展残疾人职业教育，鼓励社会力量和个人兴办残疾人职业培训机构。可以说，职业教育迎来了高速发展的黄金期。

据统计，1998年高专高职教育在校生117万余人，比例占到了高校本科专科在校生总数的30%以上。特别是进入21世纪后，职业教育被确定为国家教育事业发展的战略重点，地位空前提高，迎来了职业教育改革和发展的最好时期，到2009年，独立设置的高职高专院校有1215所，招生313.4万人，占到高校本专科招生的49%，高职高专在校生964.8万人，是1999年的8.2倍，高等职业教育名副其实地成为高等教育半壁河山，中国职业教育已构成国民教育体系中基础教育、高等教育和职业教育"三足鼎立"的支柱之一。

到了21世纪，职业教育的发展又迈向了新的台阶。国务院曾先后多次召开全国职业教育工作会议，并作出关于大力发展职业教育的决定，明确把职业教育作为我国经济社会发展的重要基础和教育工作的战略重点，职业教育发展的政策环境、舆论环境和社会环境得到了明显改善。

职业教育的国际合作尝试探索。20世纪80年代，随着改革开放的逐步深入，职业教育也迎来了国际合作的局面。

一是与德国的合作。当时国内对独具特色的德国职业教育产生了浓厚的兴趣，而德国方面也希望通过职业教育领域的交流来扩大影响，为德资企业开拓广阔的中国市场，于是在两国有关部门的积极推动下，德国当时成了中国最重要的职业教育合作伙伴。从1989年到1995年，国家教委推进苏州、无锡、常州、芜湖、沙市、沈阳六市分别进行了区域性的"双元制"试点实验，先后建立了中德合作项目的教育部职业技术教育中心研究所、上海和辽宁两个职业技术教育研究所。1994年6月，时任国务院总理李鹏访问了德国，确定了中德职教合作的基本原则和框架。

二是与加拿大的合作。1989年，加拿大国际开发署（CIDA）提供750万加元资助设立"中加高中后职业技术教育项目"（CCCP，中方参加合作项目的学校共29所，其中含短期职业大学6所，中等专业学校23所，主要是利用CBE理论和DACUM方法模拟市场运作，从而使职业学校的专业设置和教学更能反映社会需求，有些单位还通过建立学校董事会和专业顾问委员会，创造出一种在经济转型时期吸引企业参与专业开发与教学开发的过渡性办法，与德国的"双元制"相比，CBE较多体现了学校一方实施职业教育的主动性，就这一点来说与中国国情更为贴近。

三是与澳大利亚的合作。1994年3月，国家教委和澳大利亚联邦就业、教育与培训部签了关于两国政府间开展职业教育合作的谅解备忘录。决定首先在旅游及宾馆服务专业进行合作，重点是研究解决该专业的课程设计、教材开发，教师能力扩展等问题，为此，中方的专家赴澳大利亚考察，8月澳大利亚专家来华为中方培训西餐教员。

与此同时，还积极与世界银行合作，积极吸引外资投入职教。1988年10月，世界银行贷款中国职业技术教育项目正式实施，该项目使用世界银行软贷款5000万美元，装备12所职业技术师范院校（系）和59个职业技术中心，世行贷款职教项目以政府协议的形式促进了各级政府对职业教育的投入，职业教育迎来了国际化发展的新时代。

四、新时代职业教育发展的全新局面

20世纪末21世纪初，随着社会经济发展和人民生活水平的提高，特别是新生代独生子女进入上大学的年龄，民众接受高等教育的期盼飙升，高等学校大幅度扩大招生规模，导致中等职业学校招生数随之下降，质量也大不如前。

党和国家领导人对此问题高度重视，1999年，时任总书记的江泽民在第三次全国教育工作会议上的讲话强调了职业教育在我国经济和社会发展中的重要作用，指出"中等职业技术教育虽然有了发展，但总体来说，才刚刚开始做。各地各部门要狠狠抓它十年、二十年，必会大见成效"。2002年7月，全国职业教育工作会议在北京召开。时任总理的朱镕基要求必须把职业教育摆在更加重要的位置，作为实施"科教兴国"的大事来抓。通过这次会议发布的《国务院关于大力推进职业教育改革与发展的决定》，明确了"十五"期间职业教育改革和发展的目标，即为初、高中毕业生和城乡新增劳动者、下岗失业人员、农村劳动者及其他社会成员提供多种形式、多种层次的职业学校教育和职业培训。2002年起中等职业教育全面回升，在校生重新超过千万，2003年接近历史最高水平，2004年剧增13.6%，2005年又增加了近百万人，达到1600万。2007年提前3年实现了国务院《决定》要求中等职业教育招生规模达到800万人、与普通高中招生规模大体相当的目标。2010年的统计数字是870.2万，招生数达到顶峰。新世纪高等教育发展一直保持强劲态势，实现了由精英型到大众型的本质转变，并正在迅速向普及型迈进，高等职业教育在其中发挥了显著作用。截止到2014年，全国独立设置的高职1327所，在校生1006万人，打造出一大批各级各类的示范性高职院校，在培养社会需要的技术技能型人才方面创造了突出的成就，为高等职业教育摆脱低层次高等教育的成见，而成为高教领域不可替代的重要组成部分奠定了良好基础。中等职业教育在经历了一时风雨洗礼后，又迎来了晴空。

特别是党的十八大以来，党中央、国务院对职业教育更加重视。职业教育的重要战略地位得到党和政府的高度重视和举国上下的高度认同。2014年全国职业教育工作会议，习近平总书记作出重要指示："职业教育是国民教育体系和人力资源开发的重要组成部分，是广大青年打开通往成功成才大门的重要途径，肩负着培养多样化人才、传承技术技能、促进就业创业的重要职责，必须高度重视、加快发展。""要求各级党委和政府要把加快发展现代职业教育摆在更加突出的位置，更好支持和帮助职业教育发展。"国务院发布了《关于加快发展现代职业教育的决定》，要求坚持以立德树人为根本，以服务发展为宗旨，以促进就业为导向，适应技术进步和生产方式变革以及社会公共服务的需要，培养数以亿计的高素质劳动者和技术技能人才。

2019年1月，国务院发布《国家职业教育改革实施方案》，指出："职业教育与普通教育是两种不同教育类型，具有同等重要地位。"要求经过5—10年左右时间，实现职业教育由追求规模扩张向提高质量转变，由参照普通教育办学模式向企业社会参与、专业特色鲜明的类型教育转变。这是对新时代职业教育性质及办学特色的新的定位，具有深远的理论意义和现实指导作用。

2020年，教育部、国家发展改革委、工业和信息化部、财政部、人力资源和社会保障部、农业农村部、国务院国资委、国家税务总局、国务院扶贫办等九个国务院职业教育工作部际联席会议成员单位联合印发《职业教育提质培优行动计划（2020—2023年）》（以下简称《行动计划》），明确通过加快体系建设、深化体制机制改革、加强内涵建设，系统解决职业教育吸引力不强、质量不高的问题。通过构建"国家宏观管理、省级统筹保障、学校自主实施"管理机制，引导地方学校从"怎么看"转向"怎么干"，转职能、提效能，激发地方和学校改革活力。

2021年4月12日至13日在京召开的全国职业教育大会，传达了习近平总书记重要指示。习近平总书记的重要指示强调，"在全面建设社会主义现代化国家新征程中，职业教育前途广阔、大有可为。要坚持党的领导，坚持正确办学方向，坚持立德树人，优化职业教育类型定位，深化产教融合、校企合作，深入推进育人方式、办学模式、管理体制、保障机制改革，稳步发展职业本科教育，建设一批高水平职业院校和专业，推动职普融通，增强职业教育适应性，加快构建现代职业教育体系，培养更多高素质技术技能人才、能工巧匠、大国工匠。各级党委和政府要加大制度创新、政策供给、投入力度，弘扬工匠精神，提高技术技能人才社会地位，为全面建设社会主义现代化国家、实现中华民族伟大复兴的中国梦提供有力人才和技能支撑"。习近平总书记的重要指示，高屋建瓴、着眼大局，为加快构建现代职业教育体系、办好职业教育，培养更多高素质技术技能人才、能工巧匠、大国工匠提供了根本遵循。

职业教育，既关乎国计，也关系民生。高质量的现代职业教育是推进我国由制造业大国向制造业强国转变、由中国制造向中国创造转变的重要基础，是巩固脱贫攻坚成果，助力乡村振兴的重要力量，是承载成千上万青年的技能成才梦的重要平台。在服务经济高质量发展，服务乡村振兴、服务就业改善民生等方面，职业教育前途广阔，必将大有可为、必将大有作为。

第二章
高等职业院校的文化建设

第一节　用文化自信引领一流高职院校建设

"建设教育强国是中华民族伟大复兴的基础工程",党的十九大报告将教育事业的地位提到了前所未有的高度,唯有优先发展好教育事业,实现教育现代化,才能筑牢民族复兴之基础。教育事业的全面发展,离不开基础教育、高等教育等各级各类教育的共同进步。在党中央、国务院的重大战略决策指引下,世界一流大学和一流学科的"双一流"建设工作正在统筹推进,这对我国实现从高等教育大国到高等教育强国的历史性跨越具有十分重要的意义。作为高等教育的"半壁江山",高职教育亦需要加快发展,持续提升教育质量,适应和满足新时代赋予教育的历史使命。

2014年,国务院发布的《关于加快发展现代职业教育的决定》(国发〔2014〕19号)明确提出了职业教育的"双一流"建设目标:到2020年"建成一批世界一流的职业院校和骨干专业";2015年,教育部印发的《高等职业教育创新发展行动计划(2015—2018)》指出,到2018年支持地方建设200所优质专科高等职业院校。2016年以来,广东、江苏、山东等省份已启动一流高职院校建设。相对普通大学而言,高职教育具有历史短、基础差、门槛低、品牌度不高等特点,很多高职院校对于推进一流高职院校建设工作信心不足，缺乏战略思维和有效举措，因此有必要强调习近平总书记提出的"文化自信"的引领作用，以坚定建设一流高职院校的信心、决心和恒心。

一、一流高职院校建设中坚持文化自信的必要性

（一）坚持文化自信的引领作用，才能坚定建设一流高职院校的方向和路径

党的十八大以来，习近平总书记围绕文化自信发表了一系列重要讲话，特别是在庆祝中国共产党成立95周年大会上强调："文化自信，是更基础、更广泛、更深厚的自信""当今世界，要说哪个政党、哪个国家、哪个民族能够自信的话，那中国共产党、中华人民共和国、中华民族是最有理由自信的"。文化自信成为党的十八大提出中国特色社会主义道路自信、理论自信、制度自信之后的"第四个自信"。

我们的文化自信来源于五千年传承的优秀传统文化、来源于中国共产党带领人民群众创造的革命文化、来源于中国特色社会主义建设的先进文化。社会主义核心价值观自信是文化自信的根本要求和集中体现，习近平总书记指出，"核心价值观是文化软实力的灵魂、文化软实力建设的重点。这是决定文化性质和方向的最深层次要素"。因此，在建设一流高职院校过程中坚持文化自信的引领作用，从根本意义上说，就是要坚持核心价值观的引领作用。只有坚持核心价值观自信，坚定广大师生的理想信念，一流高职院校建设工作才能始终沿着正确方向不断前进。

（二）坚持文化自信的引领作用，才能坚定建设一流高职院校的信心和决心

习近平总书记在党的十九大报告中指出，"文化自信是一个国家、一个民族发展中更基本、更深沉、更持久的力量""没有高度的文化自信，没有文化的繁荣兴盛，就没有中华民族伟大复兴"。具体到教育领域也一样，文化自信既是一流高职院校建设的深厚基础，更是推动这项工作的持久力量，没有坚定的文化自信，建设一流高职院校的历史任务就很难完成。

我国高职院校虽然发展较晚，起点较低，但在培养优秀人才、促进教育公平、提高就业率、推动社会经济发展等方面做出了突出贡献。坚持文化自信的引领作用，就是要正确认识高职教育艰苦创业的奋斗历程和所取得的显著成绩，这是建设一流高职院校的起点和基础；坚持文化自信的引领作用，就是要在发展过程中凝练适合自身发展的文化本源，在提升教学质量、服务社会发展中树立文化自信，这是建设一流高职院校的信心所在；坚持文化自信的引领作用，就是要深刻认识到一流高职院校建设在教育强国建设乃至中华民族伟大复兴进程中的重要性，这是社会主义新时代伟大事业和中国梦的有机组成部分，因此必须坚定推进一流高职院线建设工作的信心和决心。

（三）坚持文化自信的引领作用，才能坚定建设一流高职院校的耐心和恒心

从历史角度看，文化自信是基于中国近代以来的长期文化不自信问题所提出的，是伴随长期艰苦卓绝的革命斗争和改革开放的伟大历程逐渐确立的。建设一流高职院校也是一样，不经历长期奋

斗、漫长奋斗、不懈奋斗，是不可能轻松实现的，既要有紧迫感，又不能心浮气躁。在看到高职教育经过二十多年发展所取得显著成绩的同时，也要清醒认识到高职院校与中国优秀大学的差距、与世界一流职业院校的差距。看到差距不是让我们畏缩不前，而是要保持清醒头脑，充分估计前进道路上种种可以预料和难以预料的困难和风险，进一步抓住和用好我国建设教育强国的历史机遇，坚信"道路是曲折的，前途是光明的"，坚定建设一流职业院校的耐心和恒心。

二、文化自信引领一流高职院校建设的内涵

（一）历史的自信

在一流高职院校建设工作中坚持文化自信，首先要坚持对高职教育的历史自信。高等职业教育是我国高等教育的重要组成部分，已成为高等教育的"半壁江山"。高职院校的广大师生要充分认识自身的发展成就，树立高职教育的自豪感。

1988年颁布的《高等教育法》首次明确了高等职业教育和高等职业学校在我国高等教育体系中的法律地位。在经过20世纪90年代的起步发展和初期探索后，1999年《中共中央国务院关于深化教育改革全面推进素质教育的决定》明确提出"高等职业教育是高等教育的重要组成部分，要大力发展高等职业教育"，随后高职教育在2000—2013年期间进入蓬勃发展阶段，在院校数量、办学条件、学生规模等方面均获得快速发展。2014年《国务院关于加快发展现代职业教育的决定》出台后，我国高职教育由外延式扩展

进入创新发展、内涵提升的新阶段，追求高质量的一流高职院校已成为各高职院校的奋斗目标。2019年国务院印发的《国家职业教育改革实施方案》，开篇即提出"职业教育与普通教育是两种不同教育类型，具有同等重要地位。"2021年3月以来，《职业教育法（修订草案）》经国务院常务会议通过后已提请全国人大常委会审议，修订草案中明确提出"职业教育与普通教育具有同等重要地位"，这将从国家立法层面强调职业教育和普通教育并重。

目前，我国已经建成世界上最大规模的职业教育体系，帮助了数百万家庭实现高等教育"零"突破，同时也为中国社会经济发展做出了突出贡献。某种程度上，高职教育是真正的"有教无类"，高职院校的学生很多都出身底层甚至贫困家庭，培育和帮助这些学生完成学业、顺利就业，是对国家、民族、社会的极大贡献。

（二）改革的自信

就一流高职院线建设工作而言，历史自信是基础，树立历史自信是为了更好地砥砺前行；改革自信是抓手，树立改革自信是为了更快地创新发展。

改革是中国发展进步的重要法宝，对于一流高职院校建设而言亦不例外，在20多年发展所取得成绩基础上，仍然需要继续全面深化改革。一流的高职院校通常意味着一流的专业、一流的师资、一流的教学水平、一流的科研能力和管理能力以及一流的国际化水平等，对照这些一流水准、对照国内外的一流院校，高职院校应认真回顾自身发展历程，总结经验、找出不足、摸索规律，从而实事求是、因地制宜地将改革不断推向深入；高职院校不仅要有改革精神，还应对改革充满自信。抓住建设教育强国的历史机遇，服务好国家发展战略，脚踏实地的立足地方经济发展需要，进一步明确学校角色定位，以鲜明的办学特色和高标准的人才培养，全面推进一流高职院校的建设工作。

（三）开放的自信

开放源于自信，自信促进开放，一流高职院校建设过程中，应该树立开放的自信。当今世界是一个开放的世界，任何领域的进步都离不开相互学习借鉴、相互交流合作。目前我国高职院校与世界一流高职院校之间还存在很大的差距。唯有正视差距，将对差距的清醒认识转化成奋起直追的底气、学习借鉴的勇气，才能不断进步、迎头赶上。

树立开放的自信，首先要对内开放。广大教职员工和学生是高职院校的建设者和主人翁，清楚学校的发展现状，对最需要改革的领域充满期待。高职院校应以开放的心态，认真听取来自内部的问题和意见，积极研究并采纳有利于优化管理、提升学校发展水平的良好建议，从细处着手、小处着眼务实提升学校管理水平。

树立开放的自信，其次要对外开放。高职院校要向企业开放，强调工学结合，建立校企合作和产教融合的长效机制，紧密对接区域支柱产业的发展，根据社会需要合理调整专业设置，大力推进合作办学、合作育人、合作就业、合作发展，以充分体现高职教育的职业性和区域服务性；要向高层次人才开放，鼓励专业对口或研究方向契合的专家学者到校任教，并邀请政府、企业和研究机构的优秀人才通过顾问指导、短期兼职、对口服务等方式参与学校的教学和科研工作，以此促进学校教学、科研团队建设；要向国内其他优秀高职院校开放，建立同业交流和学习机制，吸收其他院校在办学模式、教学管理等方面的成熟做法，尤其是优势学科建设方面的宝贵经验；要向国外一流高职院校开放，积极主动地融入教育国际化的发展潮流中，有效利用国外优秀教育资源，努力在教学模式、人才培养和社会服务等领域开展交流合作，提升自身国际化办学水平。

三、用文化自信引领一流高职院校建设的策略

（一）借鉴历史经验，加强顶层设计

建设世界一流大学和一流学科，是党中央、国务院作出的战略部署。1998年，我国开始提出建设世界一流大学的奋斗目标。2015年，国务院正式印发《统筹推进世界一流大学和一流学科建设总体方案》（简称"总体方案"），提出推动一批高水平大学和学科进入世界一流行列或前列。总体方案实施五年多来，"双一流"建设已取得较为显著的成效，我国跻身世界100强的高校越来越多。从战略角度看，"双一流"建设的开展离不开1995年以来实施的"211工程""985工程"等重点建设项目奠定的基础，更离不开国务院总体方案从国家战略层面的决策部署和统筹推进。

对于高职教育而言，2014年出台的《国务院关于加快发展现代职业教育的决定》，确立了在2020年"建成一批世界一流的职业院校和骨干专业"的总体目标；教育部于2015年分别印发《高等职业教育创新发展行动计划（2015—2018年）》和《教育部办公厅关于建立职业院校教学工作诊断与改进制度的通知》等多份文件，

推动各地开展一流校或优质校建设工作,推进了高职教育的创新发展,持续提升了高职院校的发展质量,进一步夯实了我国建设一批国内一流乃至世界一流高职院校的基础。借鉴综合类大学"双一流"建设经验,为了实现高职教育的"双一流"总体目标,建议主管部门对高职教育创新发展三年行动计划的经验和成果进行系统梳理和总结,并在此基础上尽快从国家战略层面制定和出台推进世界一流高职院校和一流专业建设的总体方案。

(二)明确办学定位,突出办学特色

办学定位是一流高职院校建设的坐标和参照,办学定位清楚了,一流高职院校建设就有了目标和方向。目前,国内对于一流高职院校的定义和标准还没有明确界定。仅从区域定位角度,可以划分为省市一流、国家一流以及国际一流。建议各高职院校根据自身发展基础、办学条件、教学成果、制度机制、内外部环境等,在综合考虑自身实力基础上明确办学定位。其中少数办学条件优越、办学基础雄厚、办学成绩突出、治理机制完善的高职院校,可以将办学目标定位于建设国内一流甚至国际一流。

一流高职院校的办学目标确定后,应进一步解放思想、革新办学理念、突出办学特色,坚持走特色化发展道路。在专业建设上,首先就要发挥自身比较优势,重点建设一流专业和品牌专业;其次要正确处理好全和专的关系,在突出特色、错位发展的同时,要避免资源配置分散;第三要辩证地处理好动和静的关系。一方面要有战略定力,坚持走特色发展之路。同时还应保持专业设置、教学策略的灵活性,因为高职院校面临的是快速变化的市场环境,需要紧跟时代发展趋势,因需而变,顺势而为。

(三) 明晰文化属性，构建特色文化

高职教育作为我国高等教育的重要组成部分，在文化属性上具有"高等性"和"职业性"的双重属性。因此，高职院校在一流建设工作中，既要重视"高等性"，强调人文关怀、崇尚学术、理性追求的大学精神；还要强调"职业性"，注重实践教学和技能培养。

文化建设是高职院校内涵建设的重要内容，由于高职教育兼具的双重属性，高职院校文化也必然具有"高等性"和"职业性"的双重属性。构建一流高职院校的特色文化，需要深度融合大学文化、职业文化、企业文化和社会文化。具体策略：①以社会主义核心价值观为指导，牢固树立"育人为本、文化引领"的理念，增强文化建设自觉性。②回顾建校及发展历史，梳理校园文化脉络，寻找校园文化根基，在借鉴本科院校的成熟做法和先进经验之上，构建高职院校的特色文化。③重视学生人文精神培养，全面提升学生综合素质。在学好文化知识的基础上，鼓励学生走出去，利用实习培训、社会实践加深对企业管理制度的了解，提升其职业素养。④将企业文化引进来。开展各种培养职业意识、提高职业素养的技能比赛和实践活动，实现校企业文化融合。

(四) 服务区域经济发展，促进对外交流合作

高职院校是在适应地方经济发展中产生和发展起来的，服务地方经济发展、为区域经济转型升级培养高素质技能人才，是高职院校的一项重要使命。一流高职院校必须融入当地经济社会，根据地方经济发展做好自身规划；创新办学思路，促进"校企合作、工学结合"，提升办学质量，为区域经济发展培养高技能人才。同时，

建议一流高职院校积极争取在服务地方经济社会发展的同时适度超前办学，以期发挥对地方经济发展的影响作用。

一流高职院校必然是国际化水平较高的院校。加强国际交流与合作，是一流高职院校发展提升、做大做强的重要途径。高职院校的国际化水平主要体现在以下三方面：一是教职工和学生来源、就业的国际化；二是建校质量达到国际领先水平，具备一流的专业或专业群、一流的师资和毕业生、一流的实习实训环境、一流的技术研发能力等；三是能够提供国际一流水准的职业教育服务。高职院校要善于借鉴国外先进办学理念或模式，积极参与制定职业教育的国际标准，在吸收学习的基础上创新发展。一流高职院校在提高自身国际化水平的同时，应注重服务好国家"一带一路"倡议，为国家培养合格的国际化专业型人才。

第二节　新媒体在高职院校共青团工作中的运用

青年是最富有朝气，最富有梦想的群体，是民族的希望和未来，青年兴则国兴，青年强则国强。中共中央、国务院印发的《中长期青年发展规划 2016—2025》中指出，要健全党领导下的以共青团为主导的青年组织体系。高等职业院校的共青团组织，无疑是这一组织体系中最具有活力的群体。然而随着互联网等新媒体的发展，青年的心理、生活、工作都发生着较大的变化，尤其是高等职业院校的广大青年学生，具有较高的文化素养，能够更快地掌握互联网等新媒体技术，在新技术的冲击和影响下，其信息获取方式、学习方式、交友方式等都发生着较大的改变。在以互联网为代表的科学技术日新月异的当代社会，有必要在高等职业院校共青团工作中创新和运用好新媒体，从而更好地引领青年学生，发挥共青团的党的助手和后备军作用。

一、何谓新媒体

新媒体的概念是由1967年美国哥伦比亚广播电视网技术研究所所长戈尔德马克最先提出，他在发表的开发电子录像商品的计划书中称"电子录像"为"新媒体"，这一概念由此产生。20世纪末，联合国教科文组织对新媒体定义如下：以数字技术为基础，以网络为载体进行信息传播的媒介。从时间纬度上看，新媒体是一个相对的、不断发展的概念。广播相对报纸是新媒体，电视相对广播是新媒体，网络相对电视是新媒体；从传播技术角度看，新媒体是利用数字技术、网络技术、通过互联网和宽带局域网、以电脑、手机和数字电视等终端，向用户提供信息和娱乐服务的传播形态；从传播特征上看，新媒体是数字化互动媒体，具有高度的交互性。按照美国著名媒介理论家保罗·莱文森的说法，任何一种后继的媒介，都是对过去的某一种媒介或某一种先天不足的功能的补救和补偿。我们现在所说的新媒体主要具有如下特点：

（一）交互性

相比传统媒体，新媒体交互性更强，独特的传播介质使得信息传播者与受众的关系趋于平等，受众不仅是信息的被动接受者，也可以根据自己的个性化需求进行信息的主动选择，或者对信息进行再加工或再传播，变成信息的发布者和评论者，从而进一步影响信息传播，传统媒体的主导地位以及信息把关人角色开始削弱。新媒体这种交互性强的特性极大削弱了媒体议程设置的功能，正在逐步构建起一套新的传播模式。

（二）融合性

美国新闻学会媒介研究中心主任 Andrew Nachison，将媒介融合界定为"印刷的、音频的、视频的、互动性数字媒体组织之间的战略的、操作的、文化的联盟"。单从技术角度而言，新媒体在信息传播方面，打破了传统媒体单一的信息呈现方式，将文字、图片、声音、视频等多媒体信息融合在一起，极大地丰富了新闻的表现力和感染力，使报道更为生动形象，直观具体。此外，新媒体还综合了报纸、广播、电视媒体的技术手段，在一个平台上实现了点对点、点对面、面对面的同时传播。从而实现了受众在读者、听众、观众之间的融合。

（三）碎片化

随着媒介技术的发展，新媒体的特点之一是接受信息的时间、地点得以大大拓宽，受众可以不用固守在广播、电视前收听、收看。特别是近几年，智能手机的出现及其爆发式增长，衍生出"移动端"的概念，这一概念被业界视为新媒体发展的转折点，人们可以随时随地的接收各类信息。海量信息给受众带来了甄别的难度，同时也导致了信息的严重过载。而这些海量信息的传播多以"碎片化"的形式，意味着"碎片化"阅读时代的到来。这样的阅读方式导致注意力涣散，使受众失去深度阅读、深入思考的能力，沦为单纯的信息解码器。那些长期接受碎片化信息的人表示，要找回曾经的阅读习惯和专注力变得非常困难。高等职业院校共青团的官方微信、微博等新媒体如何在注意力稀缺的情况下争取到高等职业院校青年更多的关注,是值得思考的问题。

(四) 匿名性

20世纪90年代中期互联网才开始进入中国,但发展速度惊人,截至2020年12月,中国手机网民规模已达9.86亿。有数据显示,在中国的网民群体中,14—35岁的青年占比最大、活跃度最高。相较传统媒体以公开,真实姓名的方式传播信息,以网络为基础的网站、博客、微博、BBS等信息传播途径比较开放,用户可以用网名、昵称以及其他技术手段隐藏真实身份,以虚拟身份进行信息发布。尽管对于网络传播的匿名性还存在着较多的争议,但从心理学和传播学的角度来看,人在匿名状态下,会更真实地表达内心想法,这也是为什么越来越多的青年人选择网络作为交流的平台。目前高等职业院校基本都采用上网客户端认证,上网账号、校园网论坛实名注册,但"后台实名,前台匿名"仍是常用技术手段,在虚拟的网络空间,青年人可以自由地、平等地与他人交流,其权利与尊严更容易被发现和被尊重。

二、新媒体给高等职业院校共青团工作带来新的挑战

随着互联网、移动通信技术的快速发展,新媒体已经渗透到社会的各行各业,渗透到青年人的生活、学习中。新媒体的快速发展,对高等职业院校共青团工作的工作内容、工作方式带来了新的影响,也提出了新的挑战。

（一）新媒体将高等职业院校共青团工作重要性提到了新高度

共青团是中国共产党的后备军，是高等职业院校思想政治教育的重要阵地。高等职业院校共青团工作要紧紧围绕立德树人的根本任务，与时俱进，不断调整和优化工作内容。随着新媒体的发展，舆论生态更加复杂，意识形态的斗争从未停止，高等职业院校共青团工作要发挥其正确的舆论导向和引领作用。坚持正确的政治方向，是共青团网络舆论引导工作的第一要务。一些青年学生对马克思主义理论、对意识形态基本理论缺乏深入了解，高等职业院校共青团需要利用官方微博、微信等新媒体形态，进行社会主义核心价值观教育，引导广大青年学生坚定信仰，树立正确的世界观、人生观、价值观。同时，应引导青年学生确立良好的新媒体道德规范，进行道德自律，减少网络道德失范，抵制错误思潮的发生。

（二）新媒体给高等职业院校共青团工作方式带来新变革

共青团十七大报告指出，以增强针对性、实效性为着力点，不断改进创新引导青年的方式方法。高等职业院校共青团工作经过长期实践，已经形成了一套模式化的工作方式，以行政层级化管理为主，与高等职业院校丰富的社团活动相比较，吸引力相对较弱。而单纯通过会议组织等传统手段开展活动耗时耗力，成本较高。许多学校还没有认识到新媒体带来的巨大社会影响，高等职业院校共青团工作迫切需要运用新媒体，激发自身活力。共青团中央、教育部联合下发的《高等职业院校共青团改革实施方案》强调：针对当代青年容易接触和接受新事物，热衷信息产品和网络学习的特点，高等职业院校共青团要积极探索推动"网上共青团建设"，加快高等职业院校共青团互联网战略转型，形成线上线下深度融合的工作战略理念和整体格局。要提升新媒体运用能力和水平，打造微博、微信、QQ、贴吧、网站等新媒体阵地集群。要加强网络文化内容供给，研发和推广优秀内容产品。

（三）新媒体对高等职业院校团干部素质提出新要求

团干部是高等职业院校共青团工作的执行者，在部分高等职业院校，团干部由辅导员、班主任或选拔学生干部担任，专职团干部数量较少，素质良莠不齐，不少的团干部还兼职教学或行政工作，工作精力分散，导致一部分团干部队伍执行力较弱。随着新媒体的发展，对高等职业院校团干部的执行力以及运用新媒体开展共青团工作的能力提出了新的要求。高等职业院校应将提高团干部的媒介素养教育纳入团干部的培训范畴，开设专门的培训课程。只有团干部自身的媒介素养提高了，才能在共青团的相关活动中引导广大青年鉴别信息真伪，增强道德约束，合理地使用新媒体。

三、如何运用新媒体开展高等职业院校共青团工作

创新是民族进步的灵魂，是时代的主旋律，也是做好共青团工作的不竭动力。新媒体在对高等职业院校共青团工作提出诸多挑战的同时，也为其提供了创新工作方式的手段，创新工作内容的机遇，创新工作领域的平台。

（一）利用专业优势，加强高等职业院校团干部人才储备

人才是做好工作的重要基础，加强高等职业院校共青团工作必

须重视团干部队伍的配置、培训、考核等工作。《高等职业院校共青团改革实施方案》强调,要持续深入开展团干部健康成长教育,引导高等职业院校共青团干部筑牢理想根基,强化宗旨意识、践行群众路线、勇于开拓创新。

高等职业院校团干部素质由多种因素构成,首先起基础作用的是政治素质。高等职业院校团干部在政治上要坚强过硬,坚定不移的执行党的路线方针政策。其次要具有较高的马列主义理论修养。新形势下,高等职业院校团干部还应努力提高个人修养,其媒介素养是影响团干部业务水平的重要因素之一。高等职业院校团干部是共青团工作计划的制定者,只有团干部具有了新媒体思维,才能从根源上做好工作设计,团的全局工作才能适应新媒体发展的需要。

各高等职业院校可以积极利用自己的专业优势进行共青团工作相关人才的储备。部分有条件的高等职业院校,可以利用所开设的新闻传播专业优势,培养一批熟练掌握新媒体技术的学生团干部,充实到团干部队伍中来。这些熟练掌握新媒体技术,具有较高政治理论修养的青年团干部,很容易在各高等职业院校论坛上成为"意见领袖",从而正向激励和影响广大青年学生。

新媒体平台的建设与维护需要有专业技术人员,也需要有高等职业院校财政的大力支持,目前很多高等职业院校对新媒体平台建设的资金投入不稳定,没有建立起长效的资金管理机制。如何在有限的资源投入下,进行资源的整合,尽可能地发挥自身的专业、人才、技术优势,是各高等职业院校共青团工作可以深入探讨的问题。

(二)创新工作方式,打造高等职业院校共青团新媒体平台

高等职业院校共青团组织作为党的助手和后备军,在实际工作

中，一方面要完成党所赋予的职责和任务；另一方面，要明确自己在学校发展和学科建设中的定位，准确找到工作的切入点。共青团工作的创新不是脱离基础工作去追求新奇和轰动效应，而是在做好基础工作之上去实现工作方式、工作内容、工作领域的拓展和深化。高等职业院校团组织，应立足于本校共青团工作特色以及学生团员实际情况，打造有特色、有深度，融宣传性、交互性为一体的新媒体集群。

目前，部分高等职业院校共青团虽然在形式上建立了微信公众号，多数也早已开通了官方微博，但平台活跃度不高、内容更新较慢、话题比较陈旧，一方面是青年学生的需求不断增长，一方面是网络服务平台的建设较为缓慢。高等职业院校共青团在工作方式上，可以利用微博、微信等新媒体的影响力，开展丰富的网络团组织活动，比如名师讲堂、团学讲座、团建征文、知识竞赛等；在工作内容上，应根据校园文化特色、青年学生的诉求，做好官方微信、微博等新媒体的内容原创和更新，做到人无我有、人有我新，从而吸引和留住广大青年学生；在工作语言的使用上，应契合新媒体的语言特点，避免直接将国家政策、价值观灌输给青年，可以利用新媒体的艺术性、时尚性、观赏性的特点，将政策宣传融汇在微采访、微视频、微电影等艺术形式中，快速抓住青年学生的眼球。

（三）线上线下互动，丰富高等职业院校共青团活动内容

伴随着互联网等新媒体的发展，网上联络、网下聚集，成为青年活动的重要特征。团的十七大报告指出：积极推动共青团工作的网络化，加强网络动员，实现线上线下发动青年、凝聚青年的更好结合。

新媒体使共青团工作能够跨越时空障碍，低成本覆盖，发散式涵盖广大青年，高等职业院校共青团工作应该尝试改变过去单纯的班团组织体系，利用微信等新媒体的发动和联系作用，大胆探索，加快推进团组织进公寓、进社团、进网络，建立基于网络的团务管理系统，扩大团组织覆盖面，不断增强团的活力与生机。

新媒体打破时空限制，消解主体边界的特点，拉近线上距离的同时，也在一定程度上疏远了现实距离。新媒体的蔓延使广大青年学生在虚拟世界交流思想、表达感情、宣泄压力，而现实的人际交往能力有所消退，长此以往将会损害其心理健康。高等职业院校共青团活动是校园文化建设的重要组成部分，抓好线下活动是共青团的重要工作，如果线下活动搞不好，共青团工作就容易陷入僵局。因此，各高等职业院校利用新媒体开展共青团活动，应重视线上线下互动，通过线上召集、线下活动，增强广大青年的自主性、积极性和创造性，提高其人际沟通和适应社会的能力。

对于共青团的线下活动，我们必须具有清醒的认识，共青团是在党领导下的进步青年组织，不能等同于一般的社会群众组织，共青团活动形式上的创新只是共青团寓教于乐的方式和手段。如何适应青年自身特点，激发其创造性，调动其内在动力，为其提供锻炼和施展才华的舞台是高等职业院校共青团工作应该深入思考的问题。

高等职业院校共青团工作是一项长期系统性的工作，需要在对以往工作经验总结的基础上，与时俱进、探索创新。新媒体的发展，给高等职业院校共青团工作带来了前所未有的机遇和挑战，高等职业院校共青团应充分利用新媒体，使团组织各项工作有序推进，构建良好的校园文化氛围，引导青年学生健康成长。

第三章
高等职业院校的教学管理

第一节　以新闻传播专业为例的高职院校专业建设

随着传媒技术的飞速发展，传统媒体与新媒体融合越来越深入，传统媒介格局、信息传播方式发生了翻天覆地的变化，新闻传媒行业在维护社会稳定、推动社会发展中的地位也越来越重要。2019年初，中共中央总书记习近平在人民日报社主持中共中央政治局第十二次集体学习时强调，推动媒体融合发展、建设全媒体成为我们面临的一项紧迫课题；要运用信息革命成果，推动媒体融合向纵深发展，做大做强主流舆论，巩固全党全国人民团结奋斗的共同思想基础，为实现"两个一百年"奋斗目标、为实现中华民族伟大复兴的中国梦提供强大精神力量和舆论支持。

全媒体时代是人类新闻传播史上全新的时代，对从业人员的素质要求发生了较大变化，高职院校新闻传媒专业的人才培养应该围绕市场需求、结合时代特点、考虑媒介融合特征更新培养方式，调整培养方向。目前不少高等职业院校虽然开设了新闻传媒专业，但是面对传媒技术更新和就业市场冲击，对专业前景缺乏信心，人才培养模式老旧，培养目标不清晰。结合全媒体时代特征，研究高职院校新闻传媒专业人才培养模式，探索新的时代背景下高职院校新闻人才培养的有效路径将成为高职新闻教育研究中的重要课题。

一、何谓全媒体

全媒体的英文是 Omni-media，该词汇源于美国一间成立于 1999 年，名叫 MarthaStewartLivingOmni-media（玛莎斯图尔特生活全媒体）的综合性家政公司。在当时，像这样拥有包括杂志、书籍、报纸专栏、电视节目、广播节目、网站在内的多种媒体，通过旗下的所谓"全媒体"传播自己的家政服务和产品，便是"全媒体"的雏形。早在 2006 年，英国的《每日电讯报》就开启了全媒体的改革，随后，国外一些传媒机构开始产业链重构，并以此开始了全媒体实践。"全媒体"作为业界实践诞生于西方，但西方学术界对于这个概念并没有做出明确界定。

在我国，全媒体转型最早可追溯到 2007 年，《广州日报》成立滚动新闻部，专门针对报纸、手机和网站进行"联动发稿"。次年 7 月，新闻出版总署批准试点的首家全媒体采编系统在烟台日报传媒集团正式上线运营。在学界，这一概念在国内是由清华大学新闻与传播学院教授彭兰在《媒介融合方向下的四个关键变革》一文中较早提出的，"即运用所有媒体手段和平台来构建大的报道体系"。

目前就"全媒体"这一概念，有学者界定为随着互联网技术的发展和媒介生态的转变而产生的一种以传统媒体、新媒体和自媒体为媒介行为主体的多主体性媒介文化生产机制。这里的"全媒体"，既包括以书籍、杂志、报刊等为代表的传统媒体，也包括随着互联网技术发展而诞生的各类新媒体，如网络媒体、手机媒体和数字电视等媒体形态。由此可见，所谓"全媒体时代"，即媒介发展中包含了所有媒体形态的一个全新阶段。

全媒体时代主要有以下特征：一是传播技术与传播内容同等重要，这也印证了麦克卢汉的"媒介即信息"。二是传播主体限制将消失，全民传播得以实现。三是传播介质有机融合，边界开始消解。全媒体时代是各种传播技术、各种媒体渠道、各种传播介质的融合。四是作为内容提供方，媒体的信息筛选、过滤和处理功能将日益重要。

二、高职院校新闻传媒人才培养与普通本科院校的差异性

教育部公布的2020年教育统计数据显示，目前我国有1270所普通本科院校，1468所高职（专科）院校，高职院校在校生人数超千万，每年数量庞大的新闻传媒专业学生从高职院校毕业，还有同时进入人才市场的本科院校的新闻传媒专业毕业生，对于高职院校的学生来说，就业市场竞争异常激烈。一面是不少传媒机构开出高薪却难聘到符合条件的人才，一面却是高职院校毕业生就业难度大，不少毕业生所从事的工作也跟新闻传媒专业有较大出入。这其中固然有学生个人的原因，但也与学校的人才培养方式有很大的关系。对比本科新闻教育，高职院校新闻人才培养应根据高职新闻教育和新闻行业发展的需要，借鉴本科新闻教育的历史经验，学习本科新闻教育的优良传统，发扬高职新闻传媒专业办学特色和优势，在人才培养上扬长避短发挥优势。

（一）生源有差异

高职院校新闻传媒专业的学生，大多是在高考时选择普通本科

院校无望的情况下进入高职院校，文化底子较为薄弱，自主学习能力较差。对比本科院校新闻人才培养，特别是不少知名大学的新闻专业，其本科生文化底蕴较丰厚，知识面广博，专业基础扎实，由此可见，高职院校新闻人才培养有相当的难度，既要注重学生文化水平的提升，又要在有限的学时内培养出学生的理论和实践能力，为今后进入社会打下扎实的基础。但是我们也应该看到，高职院校的学生普遍动手能力较强，思维局限性小，可塑性强，需要专业老师们发挥极大的耐心加以指导，需要学院进一步努力从硬件设施、软件提升上为学生提供良好的学习环境和营造浓厚的学习氛围。

（二）师资队伍有差异

高职院校的教师队伍学历层次较本科院校整体偏低，学科带头人和名师数量少；教师队伍专业结构和年龄结构不尽完善；师资力量中"双师型"教师比例低，实践教学水平和现代化教学手段应用能力亟待加强。"双师型"教师是指有良好的职业道德、较强的教育教学能力，不仅能传授理论知识，而且能进行专业操作示范，具有丰富的实践经验的教师。高职院校的大部分教师是从各大院校毕业后直接进入高职院校任教，缺少媒体实践经验。而具有较强实践经验的传媒人，因受制于政策和待遇等原因，无法正式调入高职院校或不愿意来高职院校任教。

（三）培养目标有差异

与普通本科院校不同，高职院校侧重应用型人才培养，强调职业性、技术性而非学科性。因此高职院校新闻传媒专业在办学过程中，要紧扣全媒体时代特征，找准自身定位，突出特色与优势。高职院校人才培养应以教育思想、观念改革为先导，以教学改革为核心，以教学基本建设为重点，注重提高质量，努力办出特色。

（四）就业去向有差异

高职新闻传媒专业的毕业生就业方向多样，主要是中小传媒企业以及企事业单位宣传岗等，这些机构囿于平台本身的规模与体量，岗位分工往往不够精细化，甚至需要学生集策划、写作、摄影、摄像、微视频制作等技能于一身。考虑到学生就业形式多样，高职院校在课程设置上应该更加重视学生全媒体技能的培养，培养复合型新闻传播人才，使学生能够更好地胜任不同的工作岗位。

三、高职院校的新闻教育模式创新

时代在变，人才培养的模式也必须与时俱进。全媒体时代，高职院校要深入思考以下人才培养问题：一是市场需要什么样的人才；二是高职院校可以培养什么样的人才；三是高职院校怎样培养这样的人才。

（一）围绕市场需求，明确人才培养目标

在全媒体时代，高职院校新闻传媒专业的学生培养模式在强调应用型的同时，应契合就业市场需要，进一步拓宽学生的知识视野和能力范围，使之具备适应所有媒体的基本业务能力，即确定全媒体、融合型、创新性人才培养目标。全媒体人才是指掌握所有媒体表达语言，具备突破所有不同媒体界限的思维与能力，并适应多种

复合媒体岗位的工作要求，集策划、写作、摄影、摄像、录音、编辑、网络技能运用及现代设备操作等多种能力于一身的专业媒体人才。

培养全媒体人才最核心的不是技能上的简单掌握，而是意识和思维方式的转变。高职学生的学习基础相对较弱，在重视全媒体技能训练的同时，要注重培养其能够理解和适应不同媒体形式的全媒体思维能力，重视他们的知识重构与能力再造。在强化全媒体思维的基础上，突出基本的全媒体技能，使其能够针对不同类型媒体受众的信息获取习惯，对新闻信息的形式与结构进行跨媒体的熟练运用。

（二）尊重教学规律，做好课程设置

强调高职院校新闻教育里实践实训的重要性的同时，我们还应该看到我国高等职业教育具有高等教育和职业教育的双重属性，不能一味地"重术轻学"，不能仅仅强调职业属性，忽视高等教育的属性。如果说本科院校新闻专业曾经因为重理论轻实践的培养模式而被诟病，那么高职院校对于实践实训的强调，则往往忽视理论，或是理论与实践"两张皮"，理论不能有效的指导实践。实际上，新闻教学改革应该遵循基本的新闻教育规律，新闻传媒专业的理论基础课程包括新闻与传播学、新闻采访与写作、伦理法规、中外新闻传播史等，对新闻实践具有极强的指导意义，不管媒介融合如何发展，不管全媒体时代如何变化，新闻传播教育固然要进行相应的调整和革新，仍要坚持一些最基本的新闻教育理念，对反映新闻本质、提升理论素养的课程应予以足够的重视。有些高职院校理论课开设不尽人意，导致高职院校的新闻教育中人文精神、职业道德培

养的缺失，学生在工作中常出现上手快但后劲不足、知识面狭窄等情况。

如何确定理论与实践课程开设比例，平衡公共基础课、专业基础课和专业选修课的比例，加强课程之间的有机联系，我们可以遵循基础理论教学以应用为目的，以必需、够用为度，专业课教学要加强针对性和实用性这样的指导思想。全媒体时代的新闻教育，需要不断更新课程设置，尤其是实践类课程的设置，紧密结合新媒体技术的发展，让学生掌握最前沿的操作技能。

（三）开展校企合作，提升实践教学水平

新闻传媒专业是实践性很强的应用型学科，素有文科中的"工科"的提法，高职院校新闻传媒专业培养的应该是具备高级技能的新闻人才，要求学生要有很强的动手能力，因此，学校要给学生提供先进的实训实践场地、充分的实训条件。在实训体系上，应不断改善教学设施，加大投入力度，创建全媒体实训平台。在平台建设上，要校内校外相结合，改变过去单一的校内课堂教学为主的模式。

1. 建立完善的校内全媒体实训基地

通过校内全媒体实训基地的建设，为学生提供实践锻炼的机会，提高学生掌握专业知识的熟练程度，增强学生的自信心和对传媒行业的热爱。传统的实训室是为单一媒体培养单一的专门人才，因而划分出新闻摄影、非线性编辑、数字音频实训室等，这些实训室在人才培养中相对独立。而在全媒体时代，要求我们打通各个实训室的界限，在全媒体的环境中锻炼学生。

高职院校新闻传媒专业在保留单项实践锻炼的基础上，还应给

学生推出多种多样的实践锻炼机会，全面锻炼学生的采、写、编等文字能力和视频拍摄、图片摄影等综合能力。各高职院校还可以充分利用自己的校园媒体，官网、微信公众号、校刊、微博等新闻的采编、版面设计等来进一步锻炼学生的动手能力。这些校园媒体同样遵循基本的新闻工作规律，工作机理与校外传媒机构并无太大差别，可以由学校出面整合，与新闻院系携手合作建立校内实习基地。通常情况下，那些在校园媒体中较为活跃的骨干分子，由于对基本的新闻运作规律较为熟悉，所以在进入正式媒体实习后，往往能更好地适应新闻工作的实践要求。

2. 与传媒企业共建校外实训基地

通过与传媒企业共建实训基地，为学生提供先进的实训条件，提高学生的动手能力、实践能力和专业水平。重装备、高消耗是新闻传媒专业不同于其他专业的一个重要特点，实训室与实训设备普遍价格贵、耗材高、磨损大、更新快。在学校资金投入有限的情况下，为了让学生接触更多的最新的技术和设备，应该与校外传媒公司、网络媒体等建立多项合作模式，树立开放办学的理念，甚至将校企合作移到专业设置之初，为传媒企业开展"订单式"人才培养，同时也为学生提供更多的实习实训机会。

以北京青年政治学院为例，其二级学院信息传媒艺术学院为学生提供了良好的实训室条件，开展了"小学期"培养模式探索。从大二开始每个学期的最后四周，安排学生实训，学生根据专业老师的实训要求，投入到新闻写作训练，纪录片、微电影、微视频等的拍摄和制作中。在整个综合实训过程中，指导教师始终关注学生综合实训进展情况，对学生进行耐心细致的指导。通过综合实训，锻炼了学生采编写、摄影、平面设计等方面的能力，解决了学生实习实践时间不能集中，实习敷衍了事等问题。同时学校还与校外传媒公司建立了紧密的联系，带领学生到传媒公司进行参观交流实习，开拓视野提升素养，提高学生对新媒体的认知和专业水平。

（四）优化师资队伍结构，打造全媒体教师队伍

高职院校应致力于打造一支既有全媒体专业素养，又具有新闻人才培养经验的"跨媒体、跨专业、跨学科"的高素质"双师型"教师队伍。随着媒介融合的深度发展，新闻学与计算机技术、经济学、管理学等多学科交叉融合，单靠新闻传媒专业教师无法做到培养全面发展的复合型人才，这就需要打破学科壁垒，跨学科、跨专业整合师资资源。

目前很多高职院校的实际情况是新闻传媒专业教师缺乏，大多是从学校毕业的硕士、博士直接来工作岗位，虽然掌握了较为深厚的新闻学理论知识，但缺少实际的新闻行业实践经验，还有不少是学中文等专业改为从事新闻传媒专业课授课，对新闻行业的熟悉程度堪忧。即便是有着丰富从业经验的精英人士转岗进入学校，也会面临知识迅速老化的问题。由此可见，高职院校从事新闻教育的教师应该树立跨媒体、跨学科的开放型的思维观念，对专业发展方向做出重新定位和思考，不断更新自己的知识体系。

高职院校在师资建设上应努力做到以下几个方面：①聘请在业界有丰富实践经验的媒体从业人员或者聘请其他高等职业院校有丰富的新闻教学经验的教师来校兼课或给学生开设讲座。②挖掘现有师资队伍潜力，鼓励教师去媒体学习锻炼，了解最前沿的新闻运作模式，强化自身的实践能力和全媒体运作水平。③致力于建立完善的师资培养、师资考核、师资聘用方面的相关制度，从顶层设计上，发挥制度的引领、指导和激励作用。通过以上多种途径，积极探索教师队伍的专业化、多元化，丰富师资队伍梯队，更好地打造全媒体教师队伍。

随着全媒体时代的到来，受众对新闻信息的准确性、真实性、原创性等要求更高了，对新闻教育和新闻人才也提出了更高的要求。全媒体时代需要全媒型、复合型新闻人才，能够在多媒体集团中进行整合传播策划的高层次管理人才和能够运用多种技术工具的全能型记者、编辑将成为行业创新的核心人才，这也是新闻人才培养更高远的目标。十年树木，百年树人，高职院校的新闻人才培养，应当既立足长远，又脚踏实地，按照全媒体时代需要积极稳妥地进行新闻教育改革，为新闻行业输送更多的业务熟练、德才兼备的优秀人才。

第二节 1＋X证书制度下高职院校的人才培养模式革新

职业教育作为国民教育体系中不可或缺的重要组成部分，对国民经济以及社会发展起着重要作用。但是在职业教育伴随着改革开放40多年的快速发展过程中，人才培养模式与经济社会的发展变化还存在一定的差距。目前，我国高职教育正在如火如荼地进行高水平职业院校和高水平专业建设，在"双高计划"背景下，以1＋X证书制度为契机，将人才培养理念赋能到院校的课程体系、专业建设以及师资培训中去，进行科学合理的人才培养模式改革，培养具有市场竞争力的高素质人才，是高职院校需要探讨的重要课题。

一、1＋X 证书制度的发展历程

2019 年 1 月，国务院印发《国家职业教育改革实施方案》（简称"职教 20 条"），要求"深化复合型技术技能人才培养培训模式改革，借鉴国际职业教育培训普遍做法，制订工作方案和具体管理办法，启动 1＋X 证书制度试点工作"。职教 20 条同时提出，自 2019 年开始重点围绕服务国家需要、市场需求、学生就业能力提升，从 10 个左右职业技能领域做起，稳步推进 1＋X 证书制度试点工作。

为落实职教 20 条要求，2019 年 4 月 4 日，教育部会同国家发展改革委、财政部、市场监管总局制定并印发了《关于在院校实施"学历证书＋若干职业技能等级证书"制度试点方案》（简称"试点方案"），启动"学历证书＋若干职业技能等级证书"（简称 1＋X 证书）制度试点工作。该试点方案提出的目标任务是，落实"放管服"改革要求，以社会化机制招募职业教育培训评价组织（以下简称培训评价组织），开发若干职业技能等级标准和证书。有关院校将 1＋X 证书制度试点与专业建设、课程建设、教师队伍建设等紧密结合，推进"1"和"X"的有机衔接，提升职业教育质量和学生就业能力。试点方案同时明确：①培训评价组织作为职业技能等级证书及标准的建设主体，对标准质量、声誉负总责，主要职责包括标准开发、教材和学习资源开发、考核站点建设、考核颁证等，并协助试点院校实施证书培训。教育部将根据"放管服"改革要求，面向实施职业技能水平评价相关工作的社会评价组织，以社会化机制公开招募并择优遴选参与试点。②职业技能等级证书以社会需求、企业岗位（群）需求和职业技能等级标准为依据，对学习者职业技能进行综合评价，如实反映学习者职业技术能力，证书分为初级、中级、高级。③院校是1＋X证书制度试点的实施主体。试点院校要推进"1"和"X"的有机衔接，进一步发挥好学历证书作用，夯实学生可持续发展基础，积极发挥职业技能等级证书在促进院校人才培养、实施职业技能水平评价等方面的优势，将证书培训内容有机融入专业人才培养方案，优化课程设置和教学内容，对专业课程未涵盖的内容或需要强化的实训，组织开展专门培训。鼓励试点院校学历教育与职业培训并举，在面向本校学生开展培训的同时，积极为社会成员提供培训服务。考核站点一般设在符合条件的试点院校。④培训评价组织负责职业技能等级考核与证书发放。考核内容要反映典型岗位（群）所需的职业素养、专业知识和职业技能，体现社会、市场、企业和学生个人发展需求。⑤教育部将结合实施1＋X证书制度试点，探索建设职业教育国家"学分银行"，对学历证书和职业技能等级证书所体现的学习成果进行认证、积累与转换，促进书证融通，探索构建国家资历框架。

2019年4月17日，教育部职业教育与成人教育司正式发布《关于做好首批1＋X证书制度试点工作的通知》（教职成司函〔2019〕36号）。通知中规定，①关于首批试点证书范围：首批启动试点的为建筑信息模型（BIM）、Web前端开发、物流管理、老年照护、汽车运用与维修、智能新能源汽车等6个职业技能等级证书。②关于试点院校范围：试点院校以高等职业学校、中等职业学校（不含技工学校）为主，本科层次职业教育试点学校、应用型本科高校及国家开放大学等积极参与。职业院校一般为省级及以上示范（骨干、优质）高等职业学校、国家中等职业教育改革发展示范学校、具有行业特色的有关院校等。③关于试点院校应具备的条件：开设有与拟参与试点证书对应的专业，近3年连续招生，具备一定相关领域职业培训经验；拟参与试点的专业建设基础好，人才培养质量高，贯彻落实职业教育国家教学标准有力，有较为完备的专业人才培养方案和满足教学、培训需要的教学资源；拟参与试点的专业有具备培训能力的专兼职师资队伍，其中"双师型"教师不少于50%，行业企业专家比例不低于20%，具有满足模块化教学需要的结构化教师教学团队；具有满足证书培训需要的教学条件和实习实训设施设备；制度体系健全，教学管理规范，团队保障有力。通知还强调，不同证书对院校实施培训的有关条件要求由相关职业教育培训评价组织发布。

1+X证书制度试点两年多来，取得了积极成效。根据教育部于2021年8月3日公布的《对十三届全国人大四次会议第2772号建议的答复》（教高建议〔2021〕82号），近年来，教育部稳步推进1+X证书制度，目前已分4批遴选了300个培训评价组织、447个X证书，100多万人参加培训，超过70万人参加考证。

1+X证书区别于过去的双证书即学历证书+职业资格证书，1+X的"1"是指学历证书，"X"是指若干职业技能证书，不同的专业对应不同的职业技能证书。职业技能等级证书涵盖了职业领域理论和技能的要求，分为初级、中级、高级三个等级，学生在校期间结合自己对专业理论知识及职业实践技能的掌握情况，选择相对应的职业技能等级证书参加考核。目前职业教育可分为初等职业教育、中等职业教育和高等职业教育三个阶段，而职业资格技能等级分为初级工、中级工、高级工、中级技师和高级技师五个级别。目前高职教育的学历学习与职业资格技能学习没有形成标准的对应关系。1＋X证书制度启动以后，通过学历证书与职业技能等级证书的对接，特别是随着学分银行制度的建立，职业教育将实现高等职业教育和普通高等教育融会贯通、中高职贯通和终身学习体系为关键特征的现代职业教育体系，这将进一步倒逼职业院校在人才培养和教学管理模式上产生巨大变革。

二、高职院校所面临的人才培养困境

（一）"双师型"教师缺乏

职业教育是一种有别于普通高等教育的类型教育，整个教学过程突出职业性、实践性、应用性，在师资结构上也有别于普通高等教育。2019年1月，教育部在《关于做好首批1＋X证书试点工作的通知》中明确强调，"拟参与试点的专业有具备培训能力的专兼职师资队伍，其中'双师型'教师不少于50％，行业企业专家比例不低于20％，具有满足模块化教学需要的结构化教师教学团队"。2019年10月，教育部等四部委联合出台的《深化新时代职业教育"双师型"教师队伍建设改革实施方案》提出具体目标："到2022年，职业院校'双师型'教师占专业课教师的比例超过一半，建设100家校企合作的'双师型'教师培养培训基地和100个国家级企业实践基地""建成360个国家级职业教育教师教学创新团队，教师按照国家职业标准和教学标准开展教学、培训和评价的能力全面提升，教师分工协作进行模块化教学的模式全面实施，有力保障1＋X证书制度试点工作，辐射带动各地各校'双师型'教师队伍建设，为全面提高复合型技术技能人才培养质量提供强有力的师资支撑"。

"双师型"教师指的是同时具备理论教学和实践教学能力的教师。对于广大高职院校来说，同时具备理论和实践教学素养的真正意义的上"双师型"教师缺乏，在1＋X证书制度下该问题愈发凸显。高职院校专业教师大多都是直接从高等学校毕业后就从事教学工作，缺乏企业实践经历。截至2019年10月，职业院校共有专任教师133.2万人，中职专任教师83.4万人，高职专任教师49.8万人。"双师型"教师共有45.56万人，其中，中职学校有26.42万人，占中职专任教师的比例为31.48%；高职院校有19.14万人，仅占专任教师比例的39.7%。

（二）产教融合流于形式

习近平总书记在十九大报告中指出，"要完善职业教育和培训体系，深化产教融合、校企合作"。现阶段我国高职院校产教融合主要局限于共建学生实习基地、订单式培养、顶岗实习等，转型较快的院校引企入校建立校中厂或引校入企建立厂中校。国内不少发展较为成熟且资金较为雄厚的企业，对产教融合的重视和研究不够，若非考虑企业社会形象的塑造及企业品牌知名度提升的原因，并不愿意主动加入职业院校的产教融合发展队伍。与此同时，我国多数中小型企业，出于运营资金的压力，在转型升级阶段一般只有在岗位需要人才时才会招聘，平时并不注重人力资源的储备，也没有将更多的精力和财力放在产教融合发展中。大型企业的不重视及中小企业的力不从心，使得职业教育产教融合陷入进退两难的局面。总体来看，融合模式比较单一，融合内容不够深入，融合渠道不够畅通。

"1+X证书制度"第一次把企业作为实施改革的主体提出来，"X"证书的开发和考核标准主要由企业根据岗位需求制定，最后由国家审核，试图把企业参与办学、参与职教改革的积极性调动起来。

（三）培养方案不够优化

高职院校的人才培养方案主要由学校制定，不少学校对本地区经济发展以及企业岗位需求未进行深度调研，与区域经济发展严重脱节，人才培养方案的制定落后于市场。学校在人才培养方案制定过程中，企业参与度不够，导致学校最终培养的学生与用人单位的需求不能有效衔接。

长期以来，我国实行的是职业院校教育与职业技能培训"双轨运行"的管理体制，职业教育与职业培训并举成为我国职业教育的基本特征，形成了世界上最大规模的职业教育与培训体系。对于职业院校而言，如何将职业教育与职业技能培训进行有效的融合，如何将课程标准与第三方技能等级认证的X证书内容融合是职业教学改革不断探索的话题。

高职扩招以后，生源构成复杂，对于职业技能的需求更加强烈，职业院校在制定人才培养方案的时候，其核心板块课程设置应较好地融入职业技能证书相关内容，目前职业院校课程设置职业针对性较差，教材技术技能含量低，课程内容与职业技能证书融合远远不够。

三、1＋X 证书制度下如何进行人才培养模式改革

（一）完善制度设计，打通 1＋X 证书实施路径

制度设计是 1＋X 证书实施的核心环节。国家层面，1＋X 证书制度作为我国现代职业教育人才评价体系的重要制度，其逻辑起点是完备的国家资历框架。然而，目前我国尚未建成与职业教育相配套的国家资历框架，很多"X 证书"的学习成果也仅仅是实现校内课程学分的替换，难以进入国家或地区的学分银行和资历框架，得不到正式认可、积累和转换，对学生毕业后的可持续发展还未见实际效用。国家应当从制度设计层面，完善国家资历框架，积极推动学分银行建设，打通 1＋X 证书与学分银行之间的通道。

院校层面，可根据实际专门成立 1＋X 证书制度试点工作领导小组，统筹协调 1＋X 证书有关工作。高等职业院校应根据教育部相关文件精神，积极修订"双师型"教师认定标准，将具有"X"证书的培训能力，作为"双师"的重要评判内容，在职称评定和绩效考核时予以倾斜，调动 1＋X 证书实施过程中教师的积极性。教育部办公厅、国家发展改革委办公厅、财政部办公厅于 2019 年底联合印发了《关于推进 1＋X 证书制度试点工作的指导意见》，提出培训评价组织在参与实施院校内 1＋X 证书制度试点的同时，可自主面向社会人员开展职业技能等级评价。试点院校可将教师额外承担的职业技能等级证书培训工作量，按一定比例折算成全日制学生培养工作量，纳入绩效工资分配因素范围；在内部绩效工资分配时向承担证书培训任务的一线教师倾斜。

（二）深化产教融合，为 1＋X 证书制度推行奠定基础

1＋X 证书制度，一方面要求专业教学标准与职业技能等级标准对接，将技能等级标准融入课程标准、课程内容、实践项目、育训情境和教学方式的设计与应用中，使职业院校人才培养服务于产业需求；另一方面职业技能等级证书均由龙头企业、行业组织开发和认证，从根本上激励企业参与产教融合、校企合作。因此，1＋X 证书制度的实施为产教深度融合创设了路径和通道，实质性推动了政府、企业、学校和社会组织等各类教育主体参与职业教育，促进行业、产业、企业和学校协作共赢的局面。

对职业学校而言，这带来两方面影响，一是证书能够更好地反映产业对人才的实际需求；二是职业学校不得不面对两种类型的企业，一种是代表了行业要求的社会评价组织，其中，不乏华为、阿里巴巴、腾讯等企业，一种是代表了现实就业要求和岗位要求的当地企业。因此，学校应努力创造新的产教融合模式，形成人才培养的合力。

（三）课证深度融合，将 1＋X 证书制度融入人才培养方案

人才培养方案是 1＋X 证书制度实施的关键要素。职业院校应该对本专业的培养目标、职业面向、知识能力素质要求、课程设置、实施保障以及毕业条件等关键要素，进行系统梳理、科学定位、精心设计和统筹安排，重构"1"与"X"深度融合的人才培养新方案。

在 1＋X 证书制度的引领下，高职院校应深入行业企业调研岗位需求，积极与行业企业对接，共同制定人才培养方案。在制定培

养方案的时候，将课程设置与职业技能标准进行有效的衔接，将职业技能培养与学历教育有机融合。在设计课程体系时，既要考虑内容与 X 证书的前后衔接、过渡与铺垫，为学生参加 X 证书考核提供知识储备，也要考虑课程的"多元服务"，为学生获得相近专业领域（或专业群岗位）的 X 证书提供可能。

人才培养方案应该考虑到不同形式学习成果之间的相互转换。可以将职业资格证书与专业课程对接，学生在取得职业技能证书后可以申请免修相应的专业课程，获得相应的学分，存入"学分银行"。

对于院校而言，职业技能等级证书的提出并不是要求在已有的专业教学之外再设计一套培训课程体系，而是要将职业技能等级标准和岗位需求衔接融合到日常的课程教学之中，模块化的培训只作为适当补充。在人才培养方案制定过程中，不能完全照搬 X 证书培训内容，这样会造成简单叠加进而挤占专业人才培养方案中的课时，降低学历教育标准，将学历教育简化为职业培训。要实现真正意义上的衔接融合，其难度不容小觑。

目前已有第三方社会培训评价组织与行业龙头企业建立合作关系，由第三方社会培训评价组织牵头对接龙头企业，社会培训评价组织、龙头企业、职业院校三方共同开发校企合作课程，置换 X 证书中对应的技能模块，同步化考核评价，形成多元参与的人才评价模式。

（三）加强师资队伍建设，丰富教师企业实践经验

师资队伍建设是 1+X 证书制度实施的重要保障。职业院校师资队伍里面应包括专业带头人、教学名师、企业专家、培训评价组

织方专家。高职院校一方面严把入口，在教师聘任强化综合素质与实践能力评价与考核力度，通过人才引进，引进行业企业高水平技术技能人才；另一方加强专业负责人和专业骨干教师的培养，职业院校可以采取"双岗双聘"模式，鼓励现有教师去企业挂职锻炼。"双岗双聘"指的是职业院校的骨干教师到企业履职，尤其对于一些企业工作经验较少、实践教学能力不足的教师，要鼓励其到企业挂职锻炼。职业院校应不断完善自主聘任校外兼职教师管理办法和专任教师下企业实践管理办法，推动企业高技能人才和学校教师双向流动。高等职业院校还可以通过教师素质提升计划、职业技能等级标准培训等多种形式的培训和实践，将1＋X证书制度试点师资培训纳入学校教师相关培训规划，提高专业骨干教师的教学能力。

从1＋X证书制度的出发点来看，鼓励取得多类职业技能等级证书绝不是降低对学历证书的要求。不少学生在证书考取方面比较盲目，没有明确的职业目标和职业定位，在就业时拿到多个证书，但实际动手和工作能力并不强，失去了证书对技术技能型人才培养和评价的功能，反而影响专业课程学习，学校要对学生进行正确的引导。目前国家尚未建立职业技能等级证书目录，没有统一的标准，因此各类技能证书进入院校之前，更加需要充分调研，反复比较，不能随意地引入，每个专业适当选择证书对接专业课程教学，防止过度考证，更要防止课程教学走向简单、粗放，非考不教、非考不学。

劳动者素质对一个国家、一个民族发展至关重要。职业教育应该通过人才培养模式改革，积极发挥人才蓄水池功能，为中国产业迈向全球价值链中高端提供生力军，职业教育在产业发展进程中，尤其高等职业教育必将大有可为、大有作为。

第三节　后疫情时代高等职业院校的在线教学

在国内新型冠状病毒疫情逐渐得到控制，教学秩序基本恢复正常后，国内多数地区的教育回归原有生态，但是初见端倪的教育新生态已渐成方向。一场因疫情引发的世界范围内的在线教学实践，正在深刻影响未来的教学理念和教育改革，以线下课堂为主要阵地、线上教学为支撑和补充的混合式教学方式正在成为今后的发展趋势。

虽然目前国内疫情得到了有效控制，但是在今后较长时期，疫情防控的压力仍然较大，特别是在一些高校云集的大城市，疫情防控的压力相当严峻，各高等职业院校认真总结疫情期间在线教学经验，分析后疫情时代在线教学策略，在日常教学中做好非常时期保障教学质量的经验储备是十分必要的举措。同时对于混合式教学方式的关注，对于在线教学经验、策略的研究和总结，也将有助于推动高等教育教学改革迈向新的台阶。

一、疫情期间高等职业院校在线教学的现状

（一）以自建课程为主，顺利实现线下至线上的转移

根据全国高等学校质量保障机构联盟（CIQA）与厦门大学教师发展中心于 2020 年 4 月初联合发布的《疫情期间高等职业院校教师线上教学调查报告》显示，调查对象为 187 所高校师生（教师

有效问卷 5433 份），在疫情期间开展线上教学的教师 5290 人，占 97.19%。由此可见，从教育部 2 月 4 日发出"停课不停学"号召到春季学期开学，虽然留给各高等职业院校在线教学的准备时间有限，但是疫情暴发后任课教师百分之九十以上开展了在线教学，实现了线下至线上的转移。

疫情期间的在线教学，主要以教师自建课程为主。以北京青年政治学院为例，疫情暴发后迅速成立了疫情防控期间教学工作领导小组，提出"先试验后推广，多元教学保质量"的在线教学总体方案，按照原定春季学期开学时间和教学计划组织开展线上教学工作。据统计 2019—2020 学年第二学期应开课程 603 门次，实际开课 598 门次，均属于自建课程，实际开课率 99.2%。对于自建课程各高等职业院校基本都有着严格的学分管理规定，各班学生按照之前排好的课表进班进课堂，在修读完所学课程后才能获得相应的学分。

（二）在线教学平台甄选较难，多教学平台（软件）组合授课

此次疫情突然爆发，既没有经验、亦没有时间对备选平台进行细致的内部测试和甄选。选择单一并不适合的授课平台，使用过程中推倒重选费时费力；选择太多家平台，任由教师在各个在线教学平台之间随意切换，给后期教学管理带来困扰。有的高等职业院校则有着较多的实训类课程，对于这类课程，直播授课效果更好，但是一些在线学习平台在高峰时段较为拥挤，不得不对直播进行了限流，教师被迫在各个平台之间辗转，采用多教学平台组合授课，教师和学生熟悉各平台的时间成本较高，在一定程度上影响了教学效果。

北京青年政治学院教务处和信息办对社会现有的一些教学平台进行测试、比较之后，筛选出几家教学平台，采用以超星学习通为主，另外两到三家为辅的方式，鼓励老师根据自己的课程性质、信息化能力多种方法综合运用，探索多元化的教学方式和考核方式。教学单位对于可能出现的服务器崩溃等特殊情况也提前做好了预案。当某一平台的网络和服务器发生故障时，另一种方式可以迅速作为补充。

二、疫情期间高等职业院校在线教学存在的主要问题

（一）经验不足，在线教学质量仍需提高

国家提出信息化教学改革多年，2017年《教育部关于进一步推进职业教育信息化发展的指导意见》再次强调，要深化教育教学模式创新，"开展信息化环境下的职业教育教学模式创新研究与实践，大力推进信息技术与教育教学深度融合"。在国家政策指引和支持下，近年来国内高校的信息化水平有了一定提高，但从新型冠状病毒疫情爆发初期的表现看，高校信息化建设和在线教学的融合还有较大的提升空间。根据CIQA与厦门大学的这份调查报告，新型冠状病毒肺炎疫情暴发之前开展过线上教学的教师为1112人，仅占20.43%，这意味着近八成的教师在疫情之前未开展过线上教学。

疫情之前，部分高等职业院校利用线上MOOC资源和教师自己录制的部分精品课程资源开展多元、混合式教学，但教师积极性不高。这次疫情下的在线教学既是对高等职业院校在线教学改革的

倒逼之举，同时也暴露出我们的教育信息化改革虽推行多年，高等职业院校缺乏对在线教学的推动和激励机制，教师在日常缺乏对在线教学的演练。对于在线教学，很多教师缺乏经验，照搬传统课堂授课理论，在线教学质量有待提高。

（二）人员匮乏，在线教学管理人员配备不充分

目前各高等职业院校的现状是将更多的精力放在了教师及辅导员的培育上，不重视对教学管理人员的关心和培养。精通信息技术、在线教学平台管理的专业人士往往不愿意留在薪酬水平相对较低、升职空间有限的高等职业院校，更愿意到企业从事相关技术工作。部分授课工作量不饱和的教学技术相关专业的专任教师宁肯人浮于事，也不愿意充实到教学辅助、教学管理岗位中来。

不少高等职业院校将教学管理等同于就是做好老师和学生的服务工作，而教学管理人员要面对几千上万的学生，工作内容繁琐千头万绪，工作压力大，时常得不到老师的理解和学生的尊重。待遇低、职业尊严感差，部分教学管理岗位的老师或离职或转岗，导致教学辅助、教学管理人员配备尤其是信息化教学管理人员配备不够充分。

（三）氛围缺失，良好的在线学习习惯还未养成

对比线上教学，传统课堂学习氛围更加浓厚。在线教学师生之间、同学之间面对面的交流减少，学生在网络虚拟课堂里自主性大，在没有学校规章制度和班级纪律直接约束情况下的在线学习，学生需要自觉养成课前预习、课上认真听讲、课后复习这些良好的学习习惯。研究资料表明，学习成绩的80%与信心、意志、习惯、兴趣、性格等非智力因素相关。而在非智力因素中，习惯占有重要

位置，对于多数学生而言，良好的在线学习习惯的养成需要长期培育。

在线教学刚刚启动的时候，师生们对由线下转移至线上充满了新鲜感，学生上课的积极性相对较高，在线教学出勤率较传统课堂有所增加。但是随着开学后授课时间的推移，师生疲态渐显。教师如何调整授课节奏，学生如何调整自身状态与在线学习相适应，对师生而言都是艰难的考验。

（四）监管较难，在线教学质量监控有待提升

在线教学作为疫情防控期间采取的特殊手段，学校和大多数在疫情发生之前尚未进行过线上课程建设的教师一样都处于尝试和探索阶段，教师虽严格按照课表上课，但是在各个平台的选择上有一定的自由度和灵活性，使用的教学平台和工具门类众多，学生虽然可以使用电子签到，但是没有了师生面对面的交流，给教学质量监控带来不小的难度。

学校和二级学院督导小组深入教学现场听课、面对面听取师生教学反馈是高等职业院校较为普遍的传统课堂教学监控方式，但是在线教学的质量监管有其特殊性，不应该仅仅止于课堂教学。教师的教学准备是否充分，学生的反馈是否积极，在线教学资料充不充足，这些都是在线教学质量监控应该关注的问题。

三、后疫情时代高等职业院校在线教学的策略和建议

(一) 总结线上线下教学经验，探索混合式教学模式

20世纪90年代，哈佛大学的物理教授埃里克·马祖尔开始研究"翻转学习"，之后美国富兰克林学院的教授提出"翻转课堂"教学模式。翻转课堂是在学生观看完教学资料，完成一些在线测试或作业之后，回到传统意义的课堂，参加教师所主持的课程讨论。翻转课堂教师虽然在课堂上讲课的时间大幅度缩短，但是需要更多的时间和精力去准备教学视频、课件、素材等教学资源。在混合式教学过程中，教师应积极利用翻转课堂理论，调动学生的学习积极性，提升课堂教学质量和水平。

对于传统课堂教师一味地讲解和板书学生容易产生倦怠感，除了利用翻转课堂理论进行教学外，教师也可以在教学过程中穿插一些微课，丰富教学的形式和内容，提升授课效果。实践教学是高等职业院校教学中的重要组成部分，部分院校的实践课程设置囿于时间和地点以及教学资源等影响，班级学生全部参与实践课程存在障碍。对于难以完成的实践环节，教师可以将实地考察制作成微课，引导学生通过观看视频进行实践学习。一些基础较薄弱的学生也可以通过回看视频，对于所学知识进行巩固和加深。但是在传统课堂穿插微课也要注意，需要教师具有高度的责任心，做好相关知识的补充与讲解，微课不等于在课堂上随意播放视频，不能让微课变成"水课"。我们在强调技术对于教育的推动作用的时候，教师在课堂的情感注入和责任心同样是我们需要关注的问题。

(二) 确立行之有效的质量监控体系，提升在线教学质量

对于在线教学的质量监控，有条件的学校可以建立了网络教学监控中心，构建校级督导、纪检专员、二级学院督查及学生学情反馈"四位一体"的教学质量监控体系，针对在线教学进行全面的质量监控。对于在线课堂，督导组成员主要以模拟身份进入某位教师的实时课堂，观看其授课直播情况、查看学生的网上出勤情况、掌握线上师生间的互动情况。但是对于在线教学，督导的工作重点不应当仅仅止于课堂教学的监控，应当从课前准备到网络直播、从辅导答疑到课后学习追踪，全过程、多环节综合督查老师的教学情况。各二级学院应当针对任课教师教学计划的实施情况，以及学生参加在线教学的情况进行检查和监控，对教学过程中出现的问题及时发现并督促整改。教务处可以联合学生处建立学生信息员制度，对老师的教学效果定期进行反馈，通过行之有效的"四位一体"的教学质量监控体系保障在线教学的有序开展。

(三) 利用已有的在线教学平台课程库，盘活在线教学资源

在线教学资源，特别是MOOC给了处于金字塔底部的一般民众享受优质高等教育的机会，给高等职业院校利用现有精品视频课程资源提升教学质量，同时为节约课程研发成本开拓出一条新路。在疫情暴发前，部分教师在中国大学MOOC、智慧树等平台建设了一批优质课程资源，各高等职业院校也陆续开发了一批高质量的网络课程，但这些网络课程并没有通过有效的手段整合起来，验收完成后即搁置，学生对其不了解，教师也没有利用网络课程资源来进行教学。后疫情时代的在线教学，各高等职业院校应当积极盘活已有

的在线教学资源，为线下线上相结合的混合式教学方式提供支撑。

（四）提供软硬件支持，加强在线教学技术培训

特殊时期的在线教学，教师采用了多个平台混用，实为停课不停学时期的非常之举，但是我们也应该看到，这样的多平台混用，给教学管理带来了相当的难度。数据分散，不同平台标准尺度不同，难以客观评判教师的教学质量；时间成本较高，师生在各个平台之间熟悉的过程较长；监管较难，尤其是对于年龄较大的教学督导，熟悉各个平台和课堂需要一定的过程。为了提升教学质量、加强教学管理，建议各高等职业院校提供尽可能的硬件支持，有条件的高等职业院校可以开发学校专属的教学平台（软件），将授课平台与教学管理系统统一起来。对于没有实力自建在线教学平台的高等职业院校，可以考虑能够跟学校教学管理系统更好的衔接的在线教学平台。

高等职业院校教学管理人员的培训往往采用老同志带新人的形式，专业化的培训较少，特别是涉及教学管理系统和在线教学平台的技术培训更少，高等职业院校应当定期开展针对教学管理人员和教师的技术培训，为教学秩序的有序展开奠定基础。高等职业院校应积极引进信息化管理的专门人才，以专业的眼光来指导教学信息化管理，提供切实可行的方案。高等职业院校要求教学管理人员提升服务意识没有错，但是对于教学管理人员的职务晋升、职称评定、待遇提升也均应予以足够重视。

（五）建立完善的在线教学评价体系，科学考核在线教学成果

虽然在线教学居家即可完成，但是实际工作量却比传统教学要大，教师要熟悉授课平台、上传资料、备课等，备课时间是传统课堂的1~2倍。在线教学工作量的考核应当包含课程建设的工作量、线上开课的工作量、线上线下混合教学的工作量、引进名师名课的线下辅导工作量等类型。在认定在线教学工作量的时候，各高等职业院校应充分考虑到这些组成因素，建立更加科学的评价指标和评价体系，更好的调动教师开展在线教学的积极性，有效的激励教师进行课程改革。

  此次新型冠状病毒疫情要在全世界得到有效控制，还有很长的路要走。国内目前严防输入性病例，尤其像北上广深这样的大都市，疫情防控压力较大。在后疫情时代，高等职业院校应积极探索线上线下的混合式教学模式，做好线上教学的经验积累，既是为特殊情况下的在线教学做好准备，同时也能够提升传统课堂的教学质量。后疫情时代，高等职业院校应抓住在线教学所带来的改革契机，推动教学质量和教学水平再上新台阶。

第四章
高等职业院校的产教融合、集团化发展

第一节　首都高职院校在京津冀一体化之下的产教融合发展

党的十九大报告提出"完善职业教育和培训体系，深化产教融合、校企合作"。2017年底，国务院办公厅印发了《关于深化产教融合的若干意见》，落实十九大报告中的关于教育优先发展的指导思想，将产教融合作为整个教育发展的总体要求。目前我国经济发展进入新常态，工业化、信息化深度融合带来新业态、新技术、新模式等新经济蓬勃发展。新兴产业发展对人才的创新性、实践性需求融入人才培养的各个环节，迫切要求高职院校加快产教融合，创新教育模式。京津冀一体化作为一种体制上的创新，通过环境保护一体化、交通一体化、产业一体化战略，有效推动地区合作、优化产业结构升级、促进要素流动、全面落实创新驱动发展战略。首都高职院校在京津冀一体化发展下，如何深化创新产教融合模式，服务区域经济发展，是值得深入研究和思考的问题。

一、产教融合的内涵

我国近现代著名民主主义教育家、中国近代职业教育创始人、中华职业教育社发起人黄炎培认为："用教育方法，使人人依其个性，获得生活的供给，发展其能力，同时尽其对群之义务，此种教育名曰职业教育。"并将职业教育的要旨归结为：为个人谋生之准备；为个人服务社会之准备；为世界、国际增进生产力之准备。黄炎培先生的观点，较好地阐述了职业教育与社会经济发展相互促进、互为基础的关系，为后续深入研究产教融合理论奠定了基础。

1946年美国职业协会发表《合作教育宣言》（Cooperative Education: A Manifesto），将合作教育定义为"将理论学习与真实的工作经历（real-world experience）结合起来，从而使课堂教学更加有效的教育模式"。这被认为是历史上最早的产教融合概念的正式解释。

狭义的产教融合是指职业院校为了提高人才培养质量充分利用学校和行业、企业双方的教育资源和教育环境，以培养适合行业、企业需要的应用型人才为主要目的教育模式。该定义下产教融合包含两层含义：第一层含义是指产业与教育的融合。第二层含义是指生产与教学的融合。

广义的"产教融合"是职业教育与产业界为了推动技能养成与发展而进行的资源优势互补的合作活动、关系及其保障制度。产教融合的内涵不仅仅局限于人才培养模式与合作关系，更是一种融合了教育制度与产业制度的职业教育的国家基本制度。产教融合与职业教育相伴而生、相辅相成，是贯穿、支撑和引领职业教育发展的重要教育思想。

二、高职院校产教融合的现状及困难

我国的职业教育起步较晚，从无到有发展迅速，2015年，全国高等教育毛入学率达到40%，高职教育的快速发展起到了决定作用。教育部统计数据显示，截至2016年，我国已建成世界上规模最大的职业教育体系，全国1.2万余所职业院校开设了约10万个专业点，年招生规模930余万人，在校生达2682万人，是教育领域名副其实的"半壁江山"。如果说此前是我国高职教育的规模发展阶段，那么职业教育发展到今天已经逐步进入提升质量、内涵发展阶段。

北京高职在校生规模自2011年以来，呈现逐步下降的趋势。"十三五"期间，北京市完善职业教育体系，逐步压缩中等职业教育规模，稳定专科层次高等职业教育规模，积极发展本科层次职业教育，稳步扩大以职业需求为导向、以能力培养为重点、以产学结合为途径的专业学位研究生教育。由此可见，随着北京市产业转型升级，人口红利向人才红利转型，北京市将调整优化教育产业结构，向集约型、精品化、高端化发展，高等职业教育不再追求规模扩张，将重点坚持走产教融合、内涵发展之路，目前北京市高职院校产教融合主要面临着以下几个方面的困难：

（一）高职院校各自为政，缺乏统筹

目前京津冀教育资源分布不均衡，流动性不足，高职院校各自为政，难以产生协同效应。相较于京津两地具有的高等教育资源优势，河北省则处于相对落后的位置。如果不能打破行政壁垒，没有合理的市场化利益分配机制，就很难促进教育资源的合理流动，影响产教融合的深度和广度。

（二）企业与高等职业院校信息不对称，人才供需结构性矛盾突出

我国素有"重学轻术"的传统思想，认为学术是尊贵的，技术

是低等的，而且许多人认为接受普通高等教育是通向成功的关键，接受职业教育难以在人才竞争中取得优势。我国教育特别是高等教育一直实行按计划招生、培养和分配的办学模式。受传统思想和计划经济体制的影响，产业与职业教育没有同步规划，专业设置与产业需求、课程内容与职业标准、教学过程与生产过程，科技攻关与技术革新互不融合。培养的人才总量虽基本符合市场的需求，但人才的教育供给和产业需求在结构、质量、水平上还不完全匹配，特别是随着新增劳动年龄人口增速下降，人才供需的结构性矛盾凸显。高等职业教育在人才培养路径上不做出改变，不仅影响国家高等教育结构的均衡发展，影响人才和人力资源供给侧结构性改革，同时还将严重制约区域经济发展。

（三）产教融合模式单一，渠道不畅通

现阶段我国高职院校产教融合主要局限于共建学生实习基地、订单式培养、顶岗实习等，转型较快的院校引企入校建立校中厂或引校入企建立厂中校。国内不少发展较为成熟且资金较为雄厚的企业，对产教融合的重视和研究不够，若非考虑企业社会形象的塑造及企业品牌知名度提升的原因，并不愿意主动加入职业院校的产教融合发展队伍。与此同时，我国多数中小型企业，出于运营资金的压力，在转型升级阶段一般只有在岗位需要人才时才会招聘，平时并不注重人力资源的储备，也没有将更多的精力和财力放在产教融合发展中。大型企业的不重视及中小企业的力不从心，使得职业教育产教融合陷入进退两难的局面。总体来看，融合模式比较单一，融合内容不够深入，融合渠道不够畅通。

三、京津冀一体化背景下首都高职院校产教融合策略建议

职业教育是与区域经济发展联系最紧密的教育类型之一，两者之间表现为一种协同关系。所谓协同，从一般意义上讲，是指构成系统的各个要素通过协调合作，达到系统整体功能大于各要素功能之和的一种系统结构状态，即实现"1+1＞2"的功效。产业结构是职业教育依托产业办学的基础，职业教育专业设置与调整是应对产业结构调整与技术升级的积极反应。反过来，职业院校的专业结构类型、比例、招生人数也影响到区域产业结构调整的速度与质量。

（一）加强顶层设计，发挥宏观调控作用

深化产教融合，需要从职业教育的全局出发，从国家层面进行顶层设计，参与指导，充分发挥其宏观调控作用。一是要给予政策支持。落实国家有关政策，制定相应的法律法规，明确学校与企业双方在培养技术技能型人才方面的权利、义务和责任；产业部门在确定总量、增量、增速计划的同时，要将当地职业教育对产业增长的贡献度、产业特色与专业要求的契合度、职业院校的科研成果对产业的科技支撑力和职业院校毕业生对产业人才的保障力等指标纳入规划的内容；制定行业、企业参与职业学校办学的鼓励性政策。在建设用地、项目审批、行政收费、贴息贷款等方面给予适当的政策优惠；二是要给予资金支持。职业教育的性质属于高成本教育，它和一般的教育模式不同，比普通的同级教育需要的投资力度更大。各级政府应逐年加大对职业院校的资金投入，保障职业院校设

备更新等资金需要。三是要给予人才支持。要根据学校专业需求，支持职业院校引进高层次人才，着力打造高质量的教师队伍。对于大量具有丰富企业实践经验的人才，应适当放宽引入条件并适度提高薪酬待遇。

（二）优化布局，服务区域经济发展

深化产教融合，高职院校必须以服务社会为纽带，在服务区域及行业发展中彰显院校存在的价值。在学科建设和专业设置中，要建立与区域产业发展导向和产业结构调整相适应的动态调整机制，实现学校学科群、专业链与区域产业集群、产业链的对接，服务国家和区域战略。按照国家区域发展总体战略和主体功能区规划，京津冀地区应优化职业教育布局，引导职业教育资源逐步向产业和人口集聚区集中。应加强京津冀城市间协同合作，引导各地结合区域功能、产业特点探索差别化职业教育发展路径。

北京作为全国经济领先的地区和国家政治、经济、文化及国际交流的中心，迫切要求有一批与其经济发展水平和世界城市地位相匹配的高等职业院校。从经济类型看，北京市服务型经济占据主导地位，形成现代制造业、现代服务业、高新技术产业、都市型农业、创意文化产业等重点产业。未来北京产业布局和发展的方向将突出高端化、服务化、聚集化、融合化、低碳化，致力高端引领、创新驱动、绿色低碳的产业发展模式，因此在职业教育的专业设置和人才素质培养上都提出了新的要求。天津以工业为主，形成了航空航天、石油化工、装备制造、电子信息、生物医药、新能源新材料、国防科技、轻工纺织八大优势产业。河北省农业比重较高，超过全国平均水平。三地经济发展的不均衡以及产业结构差异，直接

影响着高等职业教育的专业结构和人才培养类型。区域经济发展是区域内高职院校成长的沃土，建设和发展的源泉。京津冀高职院校应根据产业特色，调整培养方案、挖掘特色专业，与行业、企业共建特色专业，培养出适应企业发展的专业应用型人才。

（三）集团化办学，促进人才培养链与产业链相融合

我国职业教育集团化办学已有 20 多年历史。2009 年，北京成立了首家职教集团——北京交通职教集团，北京的职业教育集团化发展开始起步。在北京，职业教育集团无论从数量还是形式上都与北京的职业教育发展水平和区域经济发展水平不相适应。

集团化办学是职业教育重要的办学制度之一，是政府主导、行业指导、企业参与的职业教育办学体制的重要实现形式，对于有效调整职业教学办学结构，进一步丰富、整合职业教育资源，减少重复建设，不断提高人才培养水平，促进教育链和产业链有机融合有重要作用。

高职院校行政化的管理体制和行业企业市场化的运作机制，在运作方式上难以实现有效的对接，应鼓励职业教育集团化发展，鼓励多元主体组建职业教育集团，包括院校牵头组建的面向区域主导产业、特色产业的区域型职业教育集团，行业部门、企业、职业院校牵头组建的行业型职业教育集团，以及跨区域、跨行业的复合型职业教育集团，赋予法人地位。

职业教育集团在运营中应不断完善运营机制，构建现代治理架构，促进内涵建设，从而提升职业教育集团的办学实力。高等职业院校不同于公司，我国《高等教育法》规定，我国高等职业院校实行党委领导下的校长负责制，在治理结构上可以成立集团教育基金

会，组建校董理事会，打造以校长为核心的经营管理团队。职业教育集团化办学尚没有固定的模式和公式可以套用，必须因地制宜，依据地方经济发展水平和特点，重点打造区域职业教育集团品牌，在实践中不断摸索适合自身发展的道路。

（四）探索股份制、混合所有制，促使企业成为重要办学主体

《国务院关于加快现代职业教育决定》提出，职业教育应探索股份制、混合所有制办学。《高等职业教育创新发展行动计划（2015—2018年）》中指出，鼓励企业和公办高等职业院校合作举办适用公办学校政策、具有混合所有制特征的二级学院。鼓励专业技术人才、高技能人才在高等职业院校建设股份合作制工作室，使产教融合的股份制二级学院享有充分的人权、财权和事权。推行股份制办学，可以实施"双师、双薪、双岗"的校企一体化师资队伍建设机制。学院教师既是专业教师，又是企业的技师（会计师、律师、工程师等）（双师）；既有教师代课薪酬，又可获取企业薪酬（双薪）；既担任教师岗位，又从事企业生产岗位（双岗）。

在推行产教融合、校企合作过程中，高职院校必须充分认可企业的市场主体地位，认识到追求盈利是推动企业参与产教融合的最重要动力，校企双方只有在利益一致、合作共赢、共同发展的基础上，合作才能持续。

（五）加强师资队伍建设，积极与行业接轨

高职教育是高等教育的一种类型，"职业性"是其重要属性，培养高端型人才是其培养目标和定位，也由此决定了实践教学的重要性，且企业参与职业教育最主要的环节即实践教学。随着高职院校办学规格的提升，师资队伍的组成和来源发生了很大的变化，越来越多学历层次高的青年教师从学校毕业直接加入到教师队伍中来，他们的知识结构较新，专业理论水平较强，但实践技能薄弱。

高职教育管理现代化的关键是师资队伍现代化，即建设一支适应现代产业和社会经济发展需要的，既懂理论又懂实践的"双师型"师资队伍。通过产教融合，学校可鼓励专业教师多参加技能培训、考取证书，并定期安排教师到企业参加实践，高职院校教师也可根据自身情况，自主联系企业，到企业观摩学习、调研、挂职锻炼等，通过多种途径进行教育实践能力的学习，从而不断调整实践教学目标、教学方案、改进教学方法。另一方面，高职院校产教融合应积极推进校企人才互聘制度，吸收有丰富经验的企业技术和管理人员到职业学校任教或兼职，充实专业教师队伍。三是选派中青年骨干教师参加国内外学术交流和培训研修。为教师提供出国进修、参加国际会议的机会，让教师最大限度获取前沿学科知识，学习先进的教育思想、教学方法和技术。

第二节　高等职业院校混合所有制办学

中国的人口红利较改革开放之初已逐渐减弱，随着劳动人口总量以及新增劳动力的减少，尽快提高劳动力素质就成为时代发展的迫切需要。高等职业院校是国家培养高技能人才的最重要阵地，主要致力于培养社会需要的职业技能型、应用型人才，培养过程需要大量资金进行实训基地建设和职业技能训练，生均培养成本是普通高等教育的两到三倍。我国的高等职业教育长期以公办为主，主要依靠财政经费办学，面临较大的资金缺口。在经济社会快速发展、科学技术日新月异的当下，仅依靠政府资源、通过传统模式发展高职教育已难以满足国家对技能人才的需要，因此，引入社会资本共同探索发展混合所有制就成为高等职业教育改革的必然选项之一。混合所有制职业院校是由国资、民资、外资等不同所有制的两个及以上主体共同出资举办的新型教育模式，产权结构多元化、治理结构规范化是其本质特征。为了扩大办学资金来源、学习企业先进管理经验，高等职业院校应积极探索混合所有制改革，通过"引资""引智"相结合，激发办学活力、改善办学条件、提升办学质量。

一、高等职业院校混合所有制办学的主要模式

（一）公办职业院校转制引入社会资本

公办院校混合所有制改革的具体形式，既可以是院校法人层面引入社会资本进行的混合即"大混合"，也包括二级学院层面引入社会资本进行合作的"小混合"。最早在学校层面施行"混合所有制"改革的高职院校是苏州工业园区职业技术学院。苏州工业园区职业技术学院在1997年设立之初属于公立学校，之后经过2001年、2003年、2007年三次改制，完善了法人治理结构，构建了多元化的产权主体，实行了董事会领导下的院长负责制。改革之后，学校既具有公办院校的基础和福利待遇，又具有民营企业办学的灵活性。该校目前是苏州地区18所高职院校中唯一一家国家级示范校。

相对于"大混合"模式的一步到位，"小混合"模式则成为更

多职业院校探索混合所有制改革的现实选择。2014年6月,国务院发布的《关于加快发展现代职业教育的决定》最早提出,"探索发展股份制、混合所有制职业院校";同月,教育部等六部门编制发布的《现代职业教育体系建设规划(2014—2020年)》则进一步提出,"鼓励企业和公办职业院校合作举办混合所有制性质的二级学院"。国家后续有关职业教育的政策,基本沿用了上述表述,但迄今尚未对高职院校如何开展混合所有制改革提出细化方案。在国家顶层设计尚未完善之际,高职院校探索和发展混合所有制改革应该说是机遇与风险并存,在现有体制内局部探索以二级学院为依托的改革机制,即"小混合"模式就成为较为务实可行的路径。二级学院投入品牌、知识产权等无形资产,社会资本投入资金等有形资产,进行资产的评估后双方再搭建合理的治理结构,根据经营效益分配收益,这样的模式是被实践验证较为切实可行的职业教育混合所有制办学模式。2004年,石家庄职业技术学院与河北新龙科技集团股份有限公司合作建立了混合所有制二级院校——软件学院,这是高等职业院校在二级学院层面进行混合所有制改革的较早探索。目前石家庄职业技术学院有校企共建混合所有制二级学院5个,实现了校企合作向行业扩展,推动了产教融合向纵深发展。

(二)民办职业院校改革引入国有资本

长期以来,民办职业学校在学校招生、教师招聘、社会认可、各项辅助政策等方面没有享受到与公办院校同等的待遇,办学过程可谓举步维艰。相较于公办院校,民办院校参与混合办学的意愿更强烈,因为通过混合所有制办学可以争取到更多的政策红利。但凡事利弊皆是两面,对民办职业院校而言,引入国有资本、集体资本的同时，学校创办者也需要让渡部分所有权、决策权和管理权。在我国现行的制度框架内，私有资本相较于国有资本、集体资本而言，处于较弱势状态，特别是在职业教育混改的顶层设计和具体政策尚未出台之际，民办职业院校创办者对于如何在混合所有制改革过程中合法保护自身权益有所顾虑。

民办职业院校引入国有资本比较成功的案例是南通紫琅职业技术学院。该学院2000年办学之初是一所全日制民办普通高等职业院校，2012年江苏省教育发展投资中心参与投资1000万元国有资本，选派相关人员进入董事会，监督学校办学，并给予资金、外部协调等支持，该模式有效促进了学校发展。2013年，通过向地方政府申请获批为江苏省第一所民办事业单位法人高等职业院校；2014年5月，教育部批准其升格为应用型普通本科高等职业院校，并更名为"南通理工学院"。

（三）不同资本联合投资新办职业院校

不同资本合作投资新办职业院校，这类学校在设立之初即实现了多元化的产权结构。2000年，在海南省政府主导和协调下，由省教育厅、海口农工贸股份有限公司和海南广播电视大学共同出资成立了海南职业技术学院。产权的多元化，为学校从建校之初即实施董事会领导下的校长负责制奠定了扎实基础。治理结构方面，董事会、监事会和校长代表的管理层分别行使决策、监督和执行的权力，既各司其职又相互制衡，共同推动学校实现持续健康发展；经营管理方面，同时遵循教育规律和经济规律，参考企业模式进行管理。经过20年的发展，海南职业技术学院在办学上已经取得了成功：2011年，该校成为海南省唯一的国家示范性高职院校；2015

年，成为全国首批现代学徒制试点单位；近年来，成功入选全国高职院校"国际影响力50强"。

二、高等职业院校混合所有制办学需要明晰的几个问题

高等职业教育混合所有制办学的关键不在于如何混合，而在于混合后如何治理，如何通过混合所有制办学进行制度创新，如何平衡教育的公益性和资本的逐利性。

（一）法人属性

目前我国现有的法律体系，对高等职业院校混合所有制到底是属于事业单位法人、民办非企业法人，还是企业法人此尚未作出明确界定。高等职业院校混合所有制改革过程中，普遍以国有资本与非国有资本的联合投资的形式开展合作，对于混合所有制企业的法人属性，建议参考出资来源、股权比例来界定，当前需要细化相关的法律法规来对高等职业院校混合所有制的法人属性进行明确，否则容易造成高等职业院校的混合所有制改革混乱和影响改革的动力。

（二）产权及收益分配

混合所有制职业院校必须明晰产权归属和如何进行收益分配。国有资产在与非国有资产合作前要做好产权估值，尤其是固定资产、师资、品牌等资产的估值，避免国有资产的流失。另一方面混合所有制办学应在法律层面上进行产权界定。

在产权回报上，社会资本的逐利性要求投资必须要有回报，投

资不是慈善行为，必须考虑利润回报及幅度问题。但现有的《高等教育法》《民办教育促进法》对社会资本进入教育机构的投资利润分配做了不同的规定，是按照奖励的性质来给予投资者回报还是在明确法人财产权的情况下，给予投资者一定的合理回报，目前仍未有确定的答案。在收益分配上除了考虑各种资本的收益，混合所有制高职院校还需要调动教职员工的积极性，鼓励员工持股，要探索管理者、学科带头人、骨干教师持股机制，形成投资方和劳动者共同的利益联盟。

（三）治理结构

参照现代公司治理结构，结合职业院校特点，混合所有制职业院校应实行所有权与经营权，在治理结构上采用董事会领导下的校长负责制。董事会负责院校办学决策审议和校长聘任。由董事会聘请职业化校长进行校务管理，中层管理机构负责人由校长选任，具体落实执行校长的管理方案。股东大会负责院校发展战略的制定。发挥以教职员工为基础的监事会以及教代会、职代会、工会在职业院校治理中的审议监督作用。

与股份制公司治理不同的是，混合所有制职业院校不完全遵循股东至上原则，在兼顾教育公益性前提下实现各方办学主体权力和利益的平衡与共赢。对于国有控股的混合所有制高等职业院校，还要积极发挥学校党委的作用。

（四）师资队伍建设

对于师资队伍的管理，可参照混合所有制企业的人事与薪酬管理模式，实行以绩效管理为核心的人事聘用和岗位管理制度。管理层可依照市场化模式，通过减少固定专职教师、增加临时外聘教师等多种方法来降低成本。但是外聘教师占比较高的师资队伍，面临稳定性差、教学质量难以保障等现实问题。如何厘清现有师资队伍的编制、身份转换等问题，同时确保教师队伍的稳定性和教学质量的提升，都是职业教育改革进程中面临的难题。

职业教育领域实施多元主体混合所有制办学，尚处于探索起步和创新发展阶段，既无旧例可以依照，也无现有模式可以参考，更无完善的规章制度可以遵循，需要有更加细化的政策法规来支撑国有资产的评估与认定，党委会、董事会关系厘清，分配制度改革，人事聘任制度完善，考核与评价机制健全，教职工身份转变等。总之，高等职业院校混合所有制办学作为一种新的办学模式，是高等职业院校相关利益主体在高度不确定环境下进行的制度创新，如何克服办学过程中的困难与挑战，如何创造性地激发办学主体的活力，如何在兼顾教育公益性的前提下平衡好风险与收益，如何更好地调动教职员工的积极性，为社会培养更多的优秀职业技能人才，是值得进一步思考的问题。

第三节　高等职业院校的集团化发展

中共中央办公厅、国务院办公厅在 2021 年 10 月 12 日印发的《关于推动职业教育高质量发展的意见》强调，"鼓励行业龙头企业主导建立全国性、行业性职教集团，推进实体化运作"，这是国家关于职教集团的最新政策，为高等职业教育集团的改革和发展指明了方向。据人社部统计，截至 2020 年年底，全国技能劳动者超过

2亿人,其中高技能人才约5800万,占比为27%,但相比之下德国、美国、日本等发达国家的高技能人才占比均在40%以上,因此国内职业教育特别是高等职业教育发展仍大有可为。当前,我国正处于实现第二个百年奋斗目标和实现中华民族伟大复兴的关键时期。为全面贯彻落实中央"四个全面"战略布局,增强高等职业教育适应性,培养更多高素质的职业技术技能人才,高等职业院校必须立足新发展阶段、坚持新发展理念、深入推动改革创新,推动实现高质量发展。实践证明,集团化办学是产教融合、校企合作的重要载体和有效途径,是完善职业教育培训体系的重要实现形式,是我国职业教育在办学模式上的一大创新。职业教育集团化办学有力地推进了现代职业教育培训体系的建设,推动了职业教育服务国家战略、地方(区域)经济发展战略的实施。

一、职业教育集团概念

(一)主流观点

国内关于职业教育集团定义的观点和看法不一。目前政策和学界普遍将职业教育集团定义为不具有法人资格、非营利性的产教学联合体。

1. 政策层面

浙江省教育厅《关于组建职业教育集团的试行意见》(2002)认为,"职业教育集团是由职业学校和相关行业企业以集团章程为共同行为规范,自愿组成的不具有法人资格的产教学联合体"。

山东省教育厅《关于组建职业教育集团的意见》(鲁教职字

〔2005〕8号）认为，"职教集团是由职业院校、行业协会和相关企事业单位自愿组成的产教联合体，不具有事业单位法人资格""职教集团以《集团章程》为其共同行为规范"。

山西省教育厅《关于组建职业教育集团的试行意见》（晋教职〔2007〕15号）认为，"职业教育集团是由职业院校、行业协会、企事业单位和科研院所自愿组成的工作联合体，不具有法人资格""职业教育集团以成员单位共同签署的《合作协议》作为共同行为规范"。

原教育部职成司司长黄尧（2009）认为，"职业教育集团是以一所中心学校为核心，联合若干具有独立法人资格的职业学校和相关企事业单位，以资产、契约、专业和人才培养为纽带，共同开展产、学、研活动的职业教育办学联合体。"

教育部官网（2012）认为，职业教育集团是职业院校、行业企业等组织为实现资源共享、优势互补、合作发展而组织的教育团体，是近年来我国加快职业教育办学机制改革、促进优质资源开放共享的重要模式。

教育部等六部委于2014年6月印发的《现代职业教育体系建设规划（2014—2020年）》提出，"职业教育集团化发展是政府主导、行业指导、企业参与的职业教育办学体制的重要实现形式，对促进教育链和产业链有机融合有重要作用。"

2. 高职院校层面

山东师范大学的王晓静（2015）认为，"职业教育集团指的是由重点职业学校做牵头单位，行业相关的职业院校、政府、企业（行业）等机构组成的，共同制订遵守《集团章程》要求，以提高集团内各院校人才培养质量为目的，本着为经济建设服务、利益共赢的原则，做到各类教育资源共享和优势互补的非法人组织。"

衡水科技工程学校的辛彩平（2016）认为，"职业教育集团化是指通过各种形式构建的多个学校与多个企业的联盟，并借助规模效应、品牌效应和对口效应，实现人才培养的高质量，整个行业集约化发展，使得联盟各方实现利益共赢，共同发展。"

北京交通运输职业学院的金灿（2017）认为，"高等职业教育集团化的内涵为：高等职业教育集团化办学的前提下，遵循高等教育规律，引入适当的经济运行组织，以及高职院校与企事业单位和其他行业等机构，实行强强联合，实现优势互补、资源共享，以较低的办学成本创造更大的办学效益。高职教育集团虽然具有集团的组织形式，但是与企业集团有根本的区别——企业集团主要追求经济利益的最大化，而高等职业教育集团的目标则是为国家经济建设培养技能型人才。"

南京科技职业学院的崔炳辉（2019）认为，"职业教育集团是由一个或多个具有独立法人资格的组织、团体、协会等牵头协调，其他具有独立法人资格的组织、团体、协会参与建设，以契约、资产等形式为联结纽带，以集团章程为共同行为规范，在自愿平等、合法合规、互利共赢的基础上组建的跨行业跨区域跨领域、多功能多层次多元化的社会非营利性组织。"

长春广播电视大学的严纪芹、李梅（2019）认为，"职业教育集团是指以一个或若干个发展较好的职业院校，联合相关的行业企业，以扩大办学规模、提高教育质量和实现双赢、共同发展为主要目的，以资产联结或契约合同为纽带，以集团章程为共同行为规范而构建的多法人联合体。"

辽宁现代服务职业技术学院的王东梅、刘玉强（2020）认为，

"职业教育集团是指以一个或若干个职业院校或行业协会牵头,联合政府机构、相关的行业企业、行业协会、职业院校、科研机构,以提高教育质量、共赢多赢、共同发展进步为主要目的,以资产联结、契约合同或是'亲缘关系'为纽带,以集团章程为集团行为规范构建的多法人联合体。"

(二) 实践发展

国内的职教集团作为非独立法人、非营利性的联合体,通常较为松散,以联盟形式为主。自教育部 2015 年出台《关于深入推进职业教育集团化办学的意见》(教职成〔2015〕4 号)提出"探索(职教)集团通过土地、房舍、资产、资本、设备、技术等使用权租赁、托管、转让等形式登记企业法人"以来,各级政府关于鼓励产教融合、股份制和混合所有制办学的政策不断推出,国内关于职教集团的独立法人实体运营的探索和实践不断增多,职教集团在概念和内涵上已不再局限于非独立法人的联合体性质。

2016 年 11 月成立的浙江省职业教育集团是职教集团独立法人实体运营的典型代表,也是 2021 年成功入选教育部第二批示范性职业教育集团(联盟)的 149 个职教集团中的唯一一个由企业独立牵头成立的职教集团。浙江省职教集团由浙江省机电集团有限公司和浙江省国有资本运营公司共同出资,按企业法人设立,总资产超 50 亿元,是浙江省首个具有企业法人主体地位的紧密型职教集团。该集团目前拥有浙江省万里教育集团、浙江机电职业技术学院、浙江经济职业技术学院、浙江省机电技师学院、浙江建设技师学院等 5 家教育单位、浙江省机械工业情报研究所和浙江省机电设计研究院有限公司、浙江运达风电股份有限公司等 12 家高新技术企业,与50余个地方政府、行业协会、企业、院校等建立长期战略合作伙伴关系。

综上,作者认为职业教育集团是指在遵循教育规律和市场经济规律基础上,按照市场导向、利益共享、合作互赢的原则,以资本或合同为纽带,以提高技术技能人才培养质量为核心,以深化产教融合、校企合作为重点,以集团章程为共同行为规范,由政府主导、行业指导、职业院校和企业为主体、其他企事业单位和科研机构等共同参与的职业教育合作组织。高职教育集团可以是松散的联盟,也可以是实体运营的独立法人。与企业集团以追求经济利益最大化为目标所不同的是,高等职业教育集团的目标是为国家经济建设培养技能型人才。

二、中国职业教育集团化办学的政策演进

(一)高职教育集团化办学的起步和探索期(1992—2005年)

1. 政策梳理

20世纪90年代初,我国的职业教育就开始集团化办学的探索了。蒙妮坦美容美发职业教育集团于1992年10月、旅游职业教育集团和新技术职业教育集团于1993年4月先后在北京市西城区成立,通常被认为是我国职业教育集团化办学的开端。

1996年5月,第八届全国人民代表大会常务委员会第十九次会议通过的《职业教育法》规定,"职业教育是国家教育事业的重要组成部分,是促进经济、社会发展和劳动就业的重要途径""政府主管部门、行业组织应当举办或者联合举办职业学校、职业培训

机构，组织、协调、指导本行业的企业、事业组织举办职业学校、职业培训机构"，这是国家第一次从立法层面明确了职业教育的重要地位和重要性，为职业教育集团化办学的尝试和探索提供了法律保障。

1999年1月，国务院颁布《面向21世纪教育振兴行动计划》，要求"职业教育要走产教结合的道路"，支持"高等教育阶段主要以地方高校和成人高校为对象，探索多种形式的办学模式"，但要求在推进办学体制改革中要"按照教育法律法规，学校产权必须明晰，国有教育设施不得挪作他用，国有和公有资产不得流失"。

2002年8月，国务院出台《关于大力推进职业教育改革与发展的决定》（国发〔2002〕16号），明确要求"深化职业教育办学体制改革，形成政府主导、依靠企业、充分发挥行业作用、社会力量积极参与的多元办学格局"，并提出"企业要根据实际需要举办职业学校和职业培训机构"，"有条件的大型企业可以单独举办或与高等学校联合举办职业技术学院"，"鼓励公办学校引入民办机制"。《决定》从国家政策层面首次明确支持政、校、行、企及其他社会组织探讨多形式、多渠道、多途径的合作方式，这为随后众多省级政府和教育主管部门出台支持集团化办学的相关政策和意见提供了依据、奠定了基础，为推动高等职业教育集团化办学模式改革在全国范围内广泛展开发挥了重要作用。2002年，浙江省教育厅制定《关于组建职业教育集团的试行意见》；2003年，江西省教育厅制定《关于组建职教集团的若干意见》；2004年4月，北京市教育大会提出："以行业和专业为纽带，推动相关的高等、中等职业学校组建若干个职业教育集团"。

2004年3月，国务院批转了教育部《2003—2007年教育振兴行动计划》，要求"以就业为导向，大力推动职业教育转变办学模式"。同年4月，在高等职业教育集团化办学现象日益增多的情况下，教育部适时制定了《关于以就业为导向深化高等职业教育改革的若干意见》，要求"有条件的地区可以根据需要组建机械、电子等不同类科、备具特色的'职教集团'，探索产学研结合发展高等职业教育的新道路"；9月，教育部、发改委等七部门联合下发《关于进一步加强职业教育工作的若干意见》，提出"要充分发挥骨干职业院校的带动作用，探索以骨干职业院校为龙头、带动其他职业学校和培训机构参加的规模化、集团化、连锁式发展模式"。

2005年11月，第六次全国职业教育工作会议召开，出台了《国务院关于大力发展职业教育的决定》，提出继续完善"政府主导、依靠企业、充分发挥行业作用、社会力量积极参与、公办与民办共同发展"的多元办学格局，大力推动"公办职业学校与企业合作办学，形成前校后厂（场）、校企合一的办学实体"和"公办职业学校资源整合和重组，走规模化、集团化、连锁化办学的路子"。

2. 集团化办学实践

国家系列支持政策的颁布实施，为高等职业教育集团化办学在人才培养模式、校企合作模式、教学模式、师资队伍建设等方面明确了探索和发展的方向。实行规模化、连锁化和集团化的办学，成为许多地方做大做强高职教育、实现又快又好发展的重要途径。职业教育集团最初是由于内生发展需要而在实践层面自发组建的，我国第一个职业教育集团始于1992年的北京蒙妮坦美发美容职业教育集团，并以缓慢的速度逐渐增加，至2005年，全国职业教育集团数量达到100个左右。

这一阶段高职教育集团通常是在教育主管部门的协调下组建

的，形成了以行业为依托、以高职院校为主体的集团化办学模式，"河南职教模式"和"天津职教模式"是其中的典型代表。"河南职教模式"的特点是"校企合作、区域合作"；河南省从2003年起先后在公路交通、信息技术、工艺美术等领域组建了14个以专业为纽带的省级行业性职教集团，在信阳、南阳、开封、襄城成立了以整合区域职教资源、实现一体化发展的四个区域性职教集团。"天津职教模式"的特点是"政府调控、校企结合"，即政府管规模、速度和质量，公共财政部门和行业管基本建设、实训基地和示范校建设投入。天津市从2003年9月至2005年8月先后成立了以项目为依托的渤海化工集团公司教育培训中心，以行业和行政部门合作为依托的现代职业教育集团，以行业为依托的交通教育集团，面向农村的蓟县职成教育集团和跨地区横向联合组建的社区型职业教育集团，区域型职教集团实现了全市全域覆盖。2005年9月，天津市人民政府与教育部签订了《关于共建国家职业教育改革试验区的意见》，国家职教改革试验区建设在天津全面启动，开启了行业组建职教集团、促进优势资源整合、发展职业教育的新思路和新途径。

（二）高等职业教育集团发展的规范和扩张期（2006—2013年）

1. 政策梳理

2006年初，教育部把"创新公办职业学校办学体制，走规模化、集团化、连锁化办学的新路子"纳入年度工作要点。

2009年2月，教育部印发的《关于加快推进职业教育集团化办学的若干意见》提出，要"推动职业教育资源的整合、重组和共享，积极组建各类职业教育集团"。对于各级财政重点支持建设的骨干示范性职业院校，要逐步牵头组建或参加有关的职业教育集团；对于县级职教中心和农村职业学校，要逐步加入有关的职业教育集团。

2010年7月，党中央、国务院印发的《国家中长期教育改革与发展规划纲要（2010—2020）》提出，"支持一批示范性职业教育集团学校建设，促进职业教育优质资源开放共享""以推进政府统筹、校企合作、集团化办学为重点，探索部门、行业、企业参与办学的机制"。

2011年8月，教育部印发的《关于推进中等和高等职业教育协调发展的指导意见》（教职成〔2011〕9号）提出，"发挥职教集团作用，促进校企深度合作。引导和鼓励中等和高等职业学校以专业和产业为纽带，与行业、企业和区域经济建立紧密联系，创新集团化职业教育发展模式。切实发挥职业教育集团的资源整合优化作用，实现资源共享和优势互补，形成教学链、产业链、利益链的融合体。积极发挥职业教育集团的平台作用，建立校企合作双赢机制，以合作办学促发展，以合作育人促就业，实现不同区域、不同层次职业教育协调发展。"

2. 高职教育集团发展实践

2006—2013年，我国高等职业教育集团的发展进入了一个新的历史时期，全国职业教育集团数量达到1000个左右，实现了数量上的迅速扩张。这一阶段高等职业教育集团标志性事件为全国职教会议开始倡导职教集团化办学模式，并注重规范职业教育集团化办学制度，职业教育集团化办学更加规范、有序，在规模、数量、质量、效益上都有了较大幅度的提高。职教集团基本覆盖了全国除西藏以外的所有省、自治区、直辖市、计划单列市和新疆生产建设兵团，以及全国主要行业，形成了一批有特色、成规模、效果明显、影响广泛的职业教育集团。

各地、各行业在整合和重组职业院校资源的基础上，组建区域性或专业性职教集团，开展规模化、集团化、连锁化、办学集团化发展模式，高等职业教育集团化办学联合方式更为丰富，运行机制和管理体制也逐渐走向成熟和完善。2006年成立的广东南海职业教育集团，联合了区域内60多家职业院校、龙头企业、行业组织和教育培训机构，实现了南海区"政府得到经济发展、企业得到人力资源、学校得到壮大发展、学生实现人生价值"的四赢局面；2008年成立的福建省商贸职业教育集团，通过充分整合教育和商贸资源，建立了适用市场、强化技能培训的现代职业教育模式；2009年成立的云南经济管理职业教育集团，构建了"订单培养""工学结合""工学替""产学研一体化"等的人才培养模式，并建立起需求、培养、供给、反馈的人力资源发展平台。

（三）高等职业教育集团的深入改革和高质量发展时期（2014年至今）

1. 政策梳理

2014年5月，国务院发布《关于加快发展现代职业教育的决定》（国发〔2014〕19号），鼓励多元主体（主要包括院校、行业、企业、科研机构和社会组织等）组建职业教育集团。一是制定政策，在促进教育链与产业链有机融合中使职教集团发挥作用；二是中央企业和行业龙头企业牵头组建高起点的职教集团；三是组建能覆盖全产业链的综合性的职教集团；四是健全联席会、董事会或理事会等决策机制，并要求就多元投资主体共建职教集团开展试点；五是完善企业工程技术人员和高技能人才到职业院校担任专兼职教师的政策。同年6月，教育部等六部委印发的《现代职业教育体系建设规划（2014—2020年）》提出，"依托农业高等学校、职业院校组建农业教育集团""支持发展一批品牌化、连锁化和中高职衔接的民办职业教育集团"，规划还明确规定了推动职业教育集团化发展的具体政策：一是科学规划职业教育集团发展。完善现有职业教育集团的治理结构、发展机制，逐步扩大各类职业院校参与率，到2020年基本覆盖所有职业院校，初步建成300个富有活力和引领作用的骨干职业教育集团。开展多元投资主体依法共建职业教育集团的改革试点。二是创新职业教育集团的发展机制。按照市场导向、利益共享、合作互赢的原则，吸引各类主体参与职业教育集团建设。通过中央企业和行业龙头企业牵头、骨干职业院校牵头、行业和职业院校联合、地方政府整合职业教育资源、区域内职业院校资源共享等方式多样化发展职业教育集团。鼓励各地在重大产业建设工程中，同步规划覆盖全产业链的职业教育集团。三是提升职业教育集团的发展活力。研究制定促进职业教育集团发展的支持政策。支持符合条件的职业教育集团统筹中高职衔接、专业课程建设、实训基地建设、教师队伍建设。鼓励通过领导干部交叉任职、共建技术创新平台和生产性实训基地、建立混合所有制职业院校等方式强化集团内部的利益纽带。鼓励行业特色明显的普通高等学校参与职业教育集团。鼓励职业教育集团与跨国企业、境外教育机构等开展合作。

2015年6月，教育部印发《关于深入推进职业教育集团办学的意见》（教职成〔2015〕4号），加快发展现代职业教育，要把深入推进集团化办学作为重要方向，积极鼓励多元主体组建职业教育集团：一是支持示范、骨干职业院校，围绕区域发展规划和产业结构特点，牵头组建面向区域主导产业、特色产业的区域型职业教育集团；二是支持行业部门、中央企业和行业龙头企业、职业院校，围绕行业人才需求，牵头组建行业型职业教育集团；三是支持地方之间、行业之间的合作，组建跨区域、跨行业的复合型职业教育集团；四是积极吸收科研院所和其他社会组织参与职业教育集团，不断增强职业教育集团的整体实力。《意见》提出到2020年，要初步建成300个具有示范引领作用的骨干职业教育集团，建设一批中央企业、行业龙头企业牵头组建的职业教育集团，教育链与产业链融合的局面基本形成。《意见》同时明确"鼓励集团按照国家有关规定成立社团法人或民办非企业单位法人"，这从根本上确立了"独立法人"地位之于职教集团实体发展的重要性。同年10月，教育部印发《高等职业教育创新发展行动计划（2015－2018年）》，继续强调"支持高等职业院校与涉农企业共建农业职业教育集团"，"推动职业教育集团化发展。鼓励中央企业和行业龙头企业、行业部门、高等职业院校等，牵头组建职业教育集团""支持有特色的专科高等职业院校以输出品牌、资源和管理的方式成立连锁型职业教育集团。积极吸收科研院所及其他社会组织参与职业教育集团。鼓励职业教育集团与跨国企业、境外教育机构等开展合作"。《行动计划》同时提出2018年底前，国内要建设一批骨干职业教育集团（180个左右），建设一批连锁型职教集团（20个左右），新组建一批农业职业教育集团，遴选10个省份开展多元投入主体依法共建职业教育集团的改革试点。

2017年10月，习近平总书记在党的十九大报告中明确提出"完善职业教育和培训体系，深化产教融合、校企合作"。同年12月，国务院办公厅印发的《关于深化产教融合的若干意见》指出，要强化企业重要主体作用、发挥骨干企业引领作用；鼓励区域、行业骨干企业联合职业学校、高等学校共同组建产教融合集团（联盟），带动中小企业参与，推进实体化运作；注重发挥国有企业特别是中央企业示范带头作用，支持各类企业依法参与校企合作；结合推进国有企业改革，支持有条件的国有企业继续办好做强职业学校。

2018年2月，教育部等六部委印发的《职业学校校企合作促进办法》规定，"职业学校主管部门应当会同有关部门、行业组织，鼓励和支持职业学校与相关企业以组建职业教育集团等方式，建立长期、稳定合作关系。职业教育集团应当以章程或者多方协议等方式，约定集团成员之间合作的方式、内容以及权利义务关系等事项。"

2019年1月，国务院发布《国家职业教育改革实施方案》（简称职教20条）。方案提出，"鼓励支持设立退役军人教育培训集团（联盟）"，并提出"2020年初步建成300个示范性职业教育集团（联盟），带动中小企业参与""支持和规范社会力量兴办职业教育培训，鼓励发展股份制、混合所有制等职业院校和各类职业培训机构。"

2020年9月，教育部等九部委印发《职业教育提质培优行动计划（2020—2023年）》提出，"支持国有企业和大型民营企业举办或参与举办职业教育""支持行业领军企业主导建设全国性职教集团""鼓励企业利用资本、技术、知识、设施、设备和管理等要素参与校企合作""发挥职教集团推进企业参与职业教育办学的纽带作用，打造500个左右实体化运行的示范性职教集团（联盟）、100个左右技工教育集团（联盟）。"

2021年3月24日,《职业教育法(修订草案)》经国务院常务会议通过,决定将草案提交全国人大常委会审议。2021年6月7日,十三届全国人大常委会第二十九次会议初次审议了《职业教育法(修订草案)》,请宪法法律委、法工委会同有关方面认真研究,进一步把草案修改好完善好。在全国人大公布的修订草案中规定,"职业教育与普通教育是不同教育类型,具有同等重要地位""职业学校教育是学校教育的重要类型",这将从法律层面全面提升职业教育的地位,为职业教育的未来大发展确定了法律基础;关于职业教育的集团化办学,草案也予以了积极的鼓励和支持,"国家鼓励发展多种层次和类型的职业教育,推进多元办学,发挥企业的重要办学主体作用,支持社会力量广泛、平等参与职业教育""鼓励有条件的企业根据自身生产经营需求,利用资本、技术、知识、设施、设备、场地和管理等要素,单独举办或者联合举办职业学校、职业培训机构""地方各级人民政府及行业主管部门依法支持社会力量参与联合办学,举办股份制、混合所有制职业学校、职业培训机构""职业学校、职业培训机构可以通过共同举办职业教育机构、组建职业教育集团等多种形式,与行业组织、企业、事业单位等开展合作"。

2021年10月,中共中央办公厅、国务院办公厅联合印发的《关于推动现代职业教育高质量发展的意见》提出,"要构建政府统筹管理、行业企业积极举办、社会力量深度参与的多元办学格局""鼓励行业龙头企业主导建立全国性、行业性职教集团,推进实体化运作"。

2. 高职教育集团发展实践

2014年以来,国家对推动职业教育集团化办学的力度不断加大，职业教育集团化发展具备了良好的国家政策环境。近几年，国家先后出台了《国务院关于加快发展现代职业教育的决定》《现代职业教育体系建设规划（2014—2020年）》《教育部关于深入推进职业教育集团化办学的意见》《高等职业教育创新发展行动计划（2015—2018年）》等文件，从鼓励推动职业教育集团化发展（以职业院校牵头组建为主）到鼓励多元主体尤其是行业参与职业教育，牵头组建行业型职业教育集团，再到提出示范性职教集团建设，政府对职业教育集团化办学的要求也越来越高。在规模上，从鼓励行业企业参与职业教育办学，到提出大中型企业在2020年参与职业教育办学的比例要达到80%以上；在推动模式上，从鼓励组建职业教育集团到遴选骨干性职业教育集团建设。

在国家政策的总要求和总指导下，各地纷纷出台了积极支持职业教育集团化办学、校企合作的政策文件，为职业教育遵循教育规律和技术技能人才成长规律办学提供了积极的政策支持和制度保障。如湖北、河南、四川等省市专门出台了推进职业教育集团化办学的意见，从职业教育集团的组建原则、运行机制、主要任务和制度保障等层面对职业教育集团化办学进行指导、规范和支持。贵州省、山东省青岛市、四川省成都市、浙江省宁波市等出台职业教育（促进）条例，在推动校企合作立法的法律层面上为开展职业教育集团化办学提供有力支撑。辽宁、广东等多个省市颁布现代职业教育体系建设规划，对开展职业教育集团化办学进行顶层设计和省域布局，对行业、企业、职业院校、科研机构等积极参与职业教育集团化办学提出明确要求，并给予职业教育集团以有效的资源倾斜和政策保障。

2015年以来，教育部深入推进职业教育集团化办学，国内职业教育集团的规模和质量进一步提升。根据教育部于2021年8月3日《对十三届全国人大四次会议第2772号建议的答复》（教高建议〔2021〕82号），目前全国已建成各类职教集团（联盟）近1500个，覆盖了90%以上的高职院校、近50%的中职学校，近30000家企业参与；已遴选确定两批共299家示范性职业教育集团（联盟）培育单位。

三、高职教育集团分类

（一）按高职教育集团主导实体的不同划分为政府主导型、院校主导型和企业主导型三种类型

政府主导型高职教育集团，一般是由政府或部门直接促成的各实体间的联盟，互补性合作是其联盟的主要方式。政府的支持力度和支持时间是决定集团办学成效的最主要因素。管委会通常是政府主导型职教集团的决策机构，由政府主管部门整合政府管理力量，承担职教集团宏观决策与管理；理事会则是职教集团的执行机构，在管委会领导下负责集团的运行工作，发挥职教集团成员的综合优势，形成集团化办学优势。其有效运行的核心是集团成员单位能够找到合作的利益点，集团内各成员单位在集团平台上，以项目的形式，签署合作协议的方式开展合作，从而实现互利共赢。如成立于2009年的北京交通职业教育集团，实行"管委会领导下的理事长（校长）负责制"由北京市交通委、市教委、市人力社保局等政府主管领导担任管委会主任，属于政府主导型高职教育集团。

院校主导型高职教育集团，通常是各职业院校自愿组合到一起

成立集团，其领导班子主要由各学校按集团章程委派代表组成，集团运作的资金也由成员单位根据签订的合同来筹集。院校主导的职教集团往往需要发挥主导作用的职业院校具有很强的办学实力与行业影响力。如同时成立于2012年的北京商贸职业教育集团和北京现代制造业职业教育集团，分别由北京财贸职业学院和北京电子科技职业学院牵头主办，属于院校主导型职业教育集团。

企业主导型高职教育集团，其组建的目的是培养企业或行业所需要的相关职业型或技术型人才，通常由龙头企业或行业协会主办，并成立委员会、董事会等对集团进行管理（或委托管理），其核心在于将高职教育集团的主体从学校转变为企业，让企业成为办学的行为主体、责任主体与法人实体。这是一种以企业需求为导向，由企业制定人才培养规格，与高职院系合作办学，为企业培养人才的办学模式。如成立于2016年的联想职业教育集团，由联想集团主办，是典型的企业主导型职业教育集团。

（二）按联结方式将高职教育集团划分为资产联结型、契约联结型、资产—契约混合型三种类型

资产联合型高职教育集团是指通过投入资产来组建职教集团，以产权、资产等为纽带，集团成员紧密合作，通常属于紧密型职教集团。

契约联结型高职教育集团是指通过签订合同、协议来组建职教集团，以协议、合同、章程等契约形式为主要纽带将各成员单位联结而成，集团成员之间是合作伙伴关系，通常属于松散型职教集团。

资产—契约混合型高职教育集团，是契约型职业教育集团和资产型职业教育集团的有机结合。

(三) 按集团主体构成和运行特征将高职教育集团划分为行业型、区域型和复合型三种类型

行业型高职教育集团,是指行业部门、中央企业和行业龙头企业联合职业院校,围绕行业人才需求组建的职教集团。如成立于2001年的天津渤海化工职业教育集团,依托于天津渤海职业技术学院,隶属于渤海化工集团,是典型的行业型职业教育集团。

区域型高职教育集团,是指示范、骨干高职院校,围绕区域发展规划和产业结构特点,牵头组建面向区域主导产业、特色产业的职教集团。

复合型高职教育集团,是指跨行业、跨区域的职教集团。

(四) 按紧密程度将高职教育集团划分为松散型、半紧密型和紧密型三种类型

松散型高职教育集团,是指由某一主管部门或职业院校为牵头单位,以契约为纽带,按照政府推动、行业主导、学校主体、企业参与、骨干带动的原则,由职业院校、企业、行业协会等实体组建起来的共同举办职业教育的联合组织。在职业教育集团化发展的起步和探索阶段,组建松散型职教集团不牵涉到产权、所有制和人员问题,改革幅度较小,易于操作,因此早期组建的高职教育集团多属于这种非法人性质的松散型联盟。这一模式下的职教集团,通常实行"四个不变",即成员原有的单位性质和隶属关系不变、管理体制不变、经济独立核算不变、人事关系和员工身份不变,集团各成员院校仍然有充分的办学自主权。这种仅仅依靠契约联结各方的合作关系,常常导致职教集团主体地位不明、成员责权不清、治理体制松散等问题,集团对内部成员的制约较弱、稳定性不足,影响

集团之间的资源共享和互补。

紧密型高职教育集团，是指以资产或所有权为纽带，通过"校－政－行－企"多元主体共同参与组建的教育集团。相较于松散型职教集团，具有独立的法人资格、产权关系和市场机制等方面的特征，建立了职责明确、统筹有力、有机衔接、高效运转的运行机制。成立于2016年12月的江苏开放大学职教集团就是紧密型高职教育集团，是在江苏省人民政府主导下，由江苏开放大学联合行业、企业、教育机构等94家单位共同组建的紧密型联合办学实体，是国内首家"开放式、集约化、社会性"职教集团。

半紧密型高职教育集团，介于松散型和紧密型之间，是二者的有机结合。

（五）按照法律属性将高职教育集团划分为法人单位和非法人单位两种类型

目前国内多数高职教育集团是非法人组织。

（六）按照是否追求盈利将高职教育集团划分为营利性组织和非营利性组织

目前国内多数高职教育集团属于非营利性组织。

四、示范性高职教育集团的发展现状

自2014年教育部等六部委印发的《现代职业教育体系建设规划（2014—2020年）》以来，教育部加快推进职业教育集团化办学，明确将2020年初步建成300个示范性职业教育集团（联盟）作为基本目标。2020年发布的《职业教育提质培优行动计划

(2020—2023年)》进一步提出在2023年前要打造500个左右实体化运行的示范性职教集团（联盟）、100个左右技工教育集团（联盟）。

（一）示范性高职教育集团评选的指标体系

根据教育部职业教育与成人教育司2019年发布的《关于开展示范性职业教育集团（联盟）建设的通知》，示范性职业教育集团（联盟）指标体系中共有一级指标5项，进一步分解为二级指标16项、观测点58个；同时单列"特色与创新"，并强调职教集团近3年内在招生、就业、安全等领域发生过违法或重大违规事件、造成不良社会影响的，要酌情扣分。指标体系主要构成如下：

1. 制度建设

从集团章程和管理制度两方面展开。章程方面，要求章程通过的流程规范、科学，且章程对集团的性质、目标、任务以及成员各方的责权利等界定清晰。管理制度方面，要求建立人员、资源、财务与产权制度以及档案制度，并进行制度考核。这一项指标的核心是考察职教集团的治理结合和决策机制是否完善。

2. 运行状态

从机构运行、经费运行、考核情况、激励情况和信息交流五方面展开。机构运行方面，关注理事会（董事会）管理决策情况、秘书处（办公室）日常工作情况和各执行机构（包括分支机构）运行情况，以及是否建立共同决策的组织结构和决策模式、集团内部治理结构和决策机制是否完善。经费运行方面，要求有稳定的日常经费，且经费来源多元，并关注经费使用情况（预算、决算、明细清单、绩效报告等）。考核情况方面，要求根据制度制定考核方案，并关注考核过程和考核结果的使用情况。激励情况方面，关注激励结果运用情况和加入与退出执行情况。信息交流方面，要求建立集团化办学管理与服务系统、建立集团网站且常态运行、共享信息资源丰富、合作需求信息发布及时和达成合作频次较高。

3. 办学共享成效

从资源共建共享、人才培养质量、产学研合作三方面展开。资源共建共享方面，要求做到"五个共享"，即专业共建共享、师资共培共享、课程共建共享、教材共建共享和实训基地共建共享。人才培养质量方面，关注校企联合培养情况（如订单培养、委托培养、定向培养、现代学徒制试点等）、集团内企业为学生提供实习实训岗位量和中介组织介入情况、中高职人才培养衔接情况、就业率情况（集团化办学提高成员院校就业率情况），以及集团覆盖专业的就业质量情况（对口就业率、薪酬水平、岗位升迁等）。

4. 综合服务能力

从服务发展方式转变、服务区域（行业）和协调发展、服务促进就业创业等"三服务"方面展开。服务发展方式转变方面，一方面要求专业设置和布局与区域、与行业企业需求相适应、协调，同时关注行业企业对培养人才质量满意度情况，以及服务国家发展战略情况（中国制造2025、精准扶贫、乡村振兴、健康中国、一带一路等）。服务区域（行业）和协调发展方面，要求服务本区域和本行业发展、服务东西部协调发展、扶持民族地区发展，并要求以城带乡、以强带弱。服务促进就业创业方面，要求院校为企业职工培训服务、为就业创业服务。

5. 保障机制

从政府（行业）领导、政策支持和加大投入三方面展开。政府

（行业）领导方面，要求制定职业教育集团化办学发展规划、发布集团年度发展报告、宣传成绩突出的优秀案例，并将集团化办学情况纳入工作目标考核体系。政策支持方面，关注支持建设一批省（市）级示范性职业教育集团、支持集团内行业企业成员单位参与职业教育发展的情况，以及落实教育、财税、土地、金融等政策情况。加大投入方面，关注政府购买制度，以及政府支持共享型实训基地建设情况、支持建设共享型专业教学资源和仿真实训系统情况和支持建立区域或行业的集团服务系统。

6. 特色与创新

关注以下三点，一是集团在服务国家或区域发展战略等方面理念先进、特色鲜明、成绩突出；二是集团在制度建设、运行机制、国际合作等方面改革创新，并取得明显成效，具有推广价值；三是集团促进了本地区本行业职业教育发展，提升了职业教育的社会影响力。同时提出，凡职教集团近3年内在招生、就业、安全等领域发生过重大违法违规事件、造成不良社会影响的，酌情扣分。

（二）示范性高职教育集团的发展现状

根据教育部统计数据，截至2021年8月，全国已建成各类职教集团（联盟）近1500个，遴选确定了两批共299家示范性职业教育集团（联盟）培育单位，基本完成了《现代职业教育体系建设规划（2014—2020年）》确定的发展目标。这两批示范性职教集团（联盟）培育单位基本属于高职教育集团范畴，集团成员中大多都有高职院校。

1. 按地区分布划分

在教育部发布的两批299家示范性职业教育集团（联盟）培育

单位中，如以省级行政区入选的职教集团数量划分（不含港澳台），排名前三的省份分别是江苏省、山东省、广东省，浙江省和湖南省并列第四，其中江苏省共有 27 家职教集团被确定为示范性职教集团，占比 9.03%；山东省共有 23 家，占比 7.69%；广东省共有 19 家，占比 6.35%；浙江省和湖南省均有 18 家，占比均为 6.02%。排名后五位的省级行政区有海南省、西藏自治区、青海省、宁夏回族自治区和福建省，其中海南省和西藏自治区未实现零突破，青海省仅有 1 家、占比 0.33%，宁夏回族自治区和福建省均有 2 家，占比 0.67%。

从地区分布来看，华东地区数量最多，入选职教集团达到 90 家，占比 30.1%，在全国居于领先地位。其次是华中地区，入选职教集团为 48 家，占比 16.05%。第三是华北地区，入选职教集团为 36 家，占比 12.04%。华南地区和西南地区并列第四，入选职教集团均为 34 家，占比 11.37%。第五是东北地区，入选职教集团 32 家，占比 10.70%。第六是西北地区，入选职教集团 25 家，占比 8.36%。

2. 按成立时间划分

以教育部 2020 年 10 月发布的第一批示范性职业教育集团（联盟）培育单位名单为例，一共 150 家职教集团（联盟）入选。根据公开资料，有 3 家职教集团未查询到成立时间。对于其余的 147 家职教集团，成立于第一阶段（即 2005 年及以前成立）的共有 9 家，占比 6.12%；成立于第二阶段（即 2006 年至 2013 年）的共有 101 家，占比 68.7%；成立于第三阶段（2014 年以来）的共有 37 家，占比 25.17%。按时间顺序呈现的比例与职教集团的阶段特点基本一致，2005 年以前作为起步期成立的数量相对较少；2006 年至

2013年职教集团数量增长了近10倍，2/3以上的示范性职教集团也设立于这一时期；2014年以来职教集团数量增长相对较少，估计在100家以内，但这一阶段设立的职教集团的办学质量有了显著提升，不到100家的新设职教集团中，入选示范性职教集团的数量就达到了37家，符合近年来对职业教育高质量发展的时代要求。

3. 按职教集团的法人性质划分

仍以第一批示范性的150家职教集团为例，非法人组织形式的职教集团为145家，占比高达96.67%；法人组织形式（社团法人、企业法人等）的仅有5家，占比仅为3.33%。这说明职教集团法人实体化改革的任务还很艰巨，继续推进必将从体制机制上进行变革，难度和复杂性将大为增加。

4. 从职教集团的联合形式划分

在第一批示范性的150家职教集团中，明确为紧密型的职教集团仅有5家，占比仅为3.33%，其余高达96.67%的示范性职教集团均为松散型的联合体。松散型特征和非法人组织特征实现了高度重合，很大程度上说明职教集团的改革方向应是紧密型的实体化法人。

5. 从职教集团的成员范围划分

在第一批示范性的150家职教集团中，成员范围跨区域（跨省级行政区）的共有20家，占比13.33%；其余占比86.67%的130家职教集团的主要成员为省内单位，服务对象也主要是省内客户和学生。

6. 从职教集团的服务产业划分

在第一批示范性的150家职教集团中，按照职教集团的专业方向所主要对应的产业进行划分（因公开资料的不充分，可能划分会有所误差），服务第一产业的共有17家，占比11.33%，主要是面向现代农业、林业、畜牧业等；服务第二产业的共有 59 家，占比 39.33%，主要是面向现代工业、装备制造、智能制造等；服务第三产业的共有 74 家，占比 49.33%，大致占到一半比例，这些职教集团主要是面向现代服务业、商贸、旅游、物流等。

7. 按是否建立专门网站划分

在第一批示范性的 150 家职教集团中，已建立专门网站或依托牵头院校官网建立专题网页介绍职教集团简介、章程、成员单位和新闻动态等信息的职教集团共有 91 家，占比 60%（其中还有十余家的网站链接无法打开）；未建立专门网站或专题网页的职教集团达到 59 家，占比高达 40%，其中还有部分职教集团在互联网上几乎查不到任何公开信息。总体来看，职教集团的品牌宣传意识还不足，社会认知度还不够。

五、高职教育集团化办学的主要问题

（一）职业教育集团"集而不团"

1. 组织架构松散，法律地位不明确

松散型高职教育联盟成员单位分别属于不同的法人实体，各成员单位之间的产权边界明晰，但作为一个利益共同体的高职教育集团却无明晰产权边界。根据《中国职业教育集团化办学发展报告（2017）》，在截至 2016 年底成立的 1406 个职业教育集团中，仅有 53 个已注册为法人实体型集团，占比 3.77%；这意味着 1353 个职业教育集团属于非法人组织，占比高达 96.23%。非法人的职业教育集团，多是松散型的联盟；而集团成员中的学校和企业则都是独立法人，具有很大的自主权。在松散型的高职教育集团中，相对于成员单位之间的清晰产权边界，作为联合体的职教集团自身却没有明晰的产权边界。职教集团仅仅依靠契约或章程往往无法对成员单位进行实质约束，难以有效协调各成员单位的核心资产为职教集团所用，这与依据公司法、以所有权为基础的企业集团在组织控制力上形成了非常鲜明的对比。在松散型的高职教育集团内，集团成员多是简单的数量叠加，凝聚力、向心力、执行力都不够，集团成员之间也缺乏日常沟通和交流，缺乏有力的利益联动机制，实质性合作不多，各自为政的现象较为普遍，影响了集团化办学的活力和运行效率。

2. 责权利不明晰

职教集团的成员单位多是独立法人，各自具有不同的利益目标，在实行"四个不变"的条件下，集团内部责权利不清晰现象突出，普遍出现理事长单位牵头难、理事单位"不理事"的情况则不难理解。只有将集团内各学校和企业成员的责任、权利、义务界定清楚，找到利益共同点，通过有效的利益联动机制，才能充分发挥各自优势，真正实现职教集团的规模化、集约化、效益化。在责权利不对等时，集团成员就会从各自利益出发，对集团发展的实质性资源投入则普遍持谨慎态度，校企之间、学校之间共享难、共建更难，难以实现职教集团"资源共享、责任共担、优势互补、互利共赢"的设立初衷。

3. 资源统筹不到位

在政策指引和政府指导下，为国家经济建设培养技能型人才、提升人才培养质量，是高职教育集团设立和发展的主要目标，也是集团内公办高职院校的主要目标；相对而言，集团内部的企业成员则以经济利益为主要诉求。如何在利益层面平衡好社会利益诉求和经济利益诉求的关系,是职教集团设立之初最需要研究和考虑的。现实中,为了快速有效推动集团化办学所广泛实施的"四个不变"机制,实质是一种浅层次的联合和改革,造成了松散联盟的职教集团对其成员既没有体制内的行政管理权威,也没有市场化的股权控制关系,因此难以有效整合集团内各个院校和企业的人员、设备、信息、技术、场地等资源,难以有效发挥全集团的资源统筹作用。在松散型的高职教育集团框架内,校校之间、校企之间在合作意愿上还普遍存在一定的博弈关系,进一步影响集团内部的资源整合和全面深入合作关系的建立。

(二)职业教育集团化办学"虚而不实"

1. 内部治理不完善

健全的内部治理机制是职教集团可持续发展的重要保障。但是在职教集团实际发展中,内部治理机制不完善的问题较为突出。《中国职业教育集团化办学发展报告(2017)》指出:2017年全国有44.46%的职业教育集团定期开展活动;内部已配备专项运行经费、已制定考核激励办法、已搭建信息平台的职业教育集团不到30%。这说明,职业教育集团的内部治理体系还不完善,很大程度上制约了集团的高质量发展。

2. 运行机制不健全

目前,我国多数职教集团是以章程为纽带建立起的契约式办学联合体,作为核心机构的理事会、秘书处等,通常由校、政、行、企等成员单位的兼职代表组成,这些核心人员往往存在着较大的随机性与不稳定性,也缺乏集团运行的专业性和规范性。作为兼职人员,他们的人事关系和工资关系都还在原单位,原单位对这些兼职人员的考核主要以其在主职岗位的绩效为主，基本不考核其在职教集团兼职工作的表现。在无绩效激励和约束的背景下，很多兼职人员都抱着"只求无过，不求有功"的态度应付在职教集团的工作任务，其工作质效的总体质量可想而知。因此，如果不从激励和约束机制上解决工作人员的动力问题，不在集团层面建立切实可行的长效运行机制，就难言职教集团的改革、创新和高质量发展。从机构角度来看，集团内设机构的人员配备和日常经费通常依赖于牵头单位，在无法有效体现资源投入对集团及牵头单位所带来收益增量、牵头单位的职责与权利长期不对称的情况下，牵头单位及其他成员对集团建设的资源投入将会逐渐减少，直至维持在较小规模；经费不足和激励约束机制的缺失，就会进一步制约着职教集团的常态运行和内涵发展。

3. 品牌效应不明显

目前我国职教集团虽然形成了一定的规模，也有了一定的社会影响力，但由于集团化办学的社会效益不明显，办学特色不突出，知名度不高，集团的品牌效应、社会辐射力还不明显。培育和创建富有特色的职教集团办学品牌，是一项长期的系统工程，必须统筹各方力量，聚合各类优质资源，加强集团内部建设，发挥专业优势，做好品牌化运作，激发校企合作动力，增强集团可持续发展能力和社会影响力。

六、推进高职教育集团高质量发展的策略建议

（一）推进高职教育集团实体化改革

2015年6月印发的《教育部关于深入推进职业教育集团化办

学的意见》提出，"鼓励集团按照国家有关规定成立社团法人或民办非企业单位法人"，明确了"独立法人"地位对于职教集团实体运营的可行性和重要性；2021年10月印发的《关于推动职业教育高质量发展的意见》，"鼓励行业龙头企业主导建立全国性、行业性职教集团，推进实体化运作"。在我国，将区域性、松散型为主的职教集团向实体化运营方向发展，建立紧密型教育实体，从而在体制机制上改变"集而不团""虚而不实"等症结，已成为继续推进高职教育集团深化改革的主要路径。实现实体化运营，首先应确立高职教育集团的独立法人身份。对于公办为主的职教集团，应授予社团法人身份，或注册为民办非企业法人，使其成为能够独立承担民事法律责任和义务的独立法人单位；于民营资本为主的职教集团，建议成立企业法人的集团公司。只有明确了独立法人资格，具有独立的财产所有权或管理权，高职教育集团才有可能真正成为责权利相统一的实体组织。

其次，以独立法人实体化运营为目标理顺集团管理关系。高职教育集团通常由职业院校或行业协会、龙头企业牵头，成员包含政府部门、职业院校、行业协会、企事业单位、科研机构等组织，成员单位作为独立机构自主决策，集团的资源整合和统筹作用未能得到有效发挥。考虑到相较于纯以所有权为基础的企业集团，职教集团中的各机构角色不同、属性不同、作用不同、法律关系也不同，难以通过职教集团总部对成员单位实行严格的管控，因此建议采取"同类紧密管理、分类松散合作"的策略对集团从组织架构上做整体性改善，进一步理顺集团与其各成员单位的关系。具体而言，在职教集团改组为独立法人基础上，将成员单位区分为紧密层和松散层，职教集团一方面继续保持与成员单位中的政府部门、行业协会、企事业单位和科研机构等非院校组织的松散型同盟关系，在完善利益机制和提升合作精准度等方面加强和深化与非院校组织的合作；另一方面从体制机制上确立职教集团对集团内职业院校的所有权关系或管理关系，对职业院校要按照"母子公司"或上下级行政关系进行管理，从而实现高职教育集团对集团内职业院校的全面领导，实现集团内人力资源和教育资源的专业化配置，实现教育资源与企业资源、政府资源的统筹衔接和高效合作。在这一模式下，职教集团与其内部的职业院校建立了更加紧密的实体化经营管理关系，可以视作一个整合教育资源的实体，通过集团总部来对接各方：对于属地政府，应按照区域发展战略定位与产业整体布局，对集团总部及内部院校的专业设置、师资力量等进行统筹调整和分配，更好地满足政策层面对职教集团的社会利益诉求；对于集团内的企业成员，按照权责对等、市场导向、共建共享的原则以及企业在人才储备、科技研发等方面的需求，在专业招生和人员培训方面可以定向支持（对于龙头企业或大企业）或予以侧重（对于中小企业），更好地满足企业层面的经济利益诉求；对于集团内的其他成员，可以在政策框架和市场化需求基础上，在理论研究、培训资源、师资储备、科技研发、技能鉴定等方面进行更加紧密的合作，建立共建共享的利益共同体机制，更好地推动集团实现高质量发展。

第三，通过"同类紧密管理、分类松散合作"策略理顺现有集团管理关系基础上，可以考虑继续推进"双法人"架构改革，法人之一是以职业教育集团和职业院校为主的非企业法人，按照政策要求、教育规律和区域社会经济发展要求进行办学；法人之二是企业实体的职业教育集团公司，可以是国资100%控股的有限责任公司，也可以在集团公司层面进行混合所有制改革，引入社会资本，成立国资控股或作为第一大股东（原则上国资占比不低于33%）的股份有限公司或有限责任公司，并以集团公司为主体，与集团内外的企业单位及其他机构按照利益共享、风险共担的原则进行市场化合作。在"双法人"架构下，作为非企业法人的职业教育集团与企业法人的集团公司，可以是"一套人马、两块牌子"，在集团总部实现所有制的有序衔接，实现社会利益和经济利益的统筹平衡。通过职教集团公司这个平台，集团还可以和集团内部、外部的社会资本共同投资设立职业教育的培训公司、实训基地等，提升职教集团的整体效能。

（二）建立健全职教集团法律制度，加大政府支持

职教集团作为我国职业教育的重要组成部分，离不开政府的支持，需要政府的统筹规划、政策引导和协调推进。首先，建议政府建立并完善职教集团相关的法律法规。法律法规是保障职教集团健康有序发展的重要基础。我国尚未建立与职教集团相关的、具有可操作性的法律法规。国家应将支持职教集团发展纳入法律范畴，给予职教集团应有的法律地位。建议在国家、教育主管部门和地方政府层面建立三级政策制度体系，即在全国人大正式通过《职业教育法修订草案》后，一是建议由国务院研究出台职业教育集团相关的行政法规，通过顶层制度设计，明确职教集团的战略定位与功能，明确校、政、行、企权利义务，规范集团化办学的社会治理，使职教集团运行有法可依，为职教集团发展提供法律保障；二是建议由教育部等教育主管部门印发指导和规范职教集团发展的部门规章，进一步规范成员单位的权利义务关系，形成职教集团高效运转机制；三是建议由地方政府或地方教育主管部门根据区域发展战略定位与产业整体布局需要，出台落实集团化办学相关的产权、财税、土地金融、资金投入等细则，推动职业教育与地方产业深度融合。通过三级法规体系，切实保障和监督职教集团的规范化运行，提升职教集团的运行效率，并提高企业等社会资本参与职教集团建设的积极性。

同时，建议政府加大对高职教育集团的资源支持。首先，建议在政府层面，由教育主管部门牵头，联合人力资源部门、财税工商部门、社会保障部门等共同参与的协调机构，充分发挥政府的引导和支持作用，共同规范和支持职教集团发展。其次，建议国家和地方财政加大对高等职业教育的直接支持特别是资金投入，通过政府采购等形式支持高职教育集团发展，同时支持高职教育集团建设具备教学、生产、培训等一体化功能的共享型实训基地，建设共享型专业教学资源和仿真实训系统，建设招聘、就业、招生、图书、服务等信息共享平台，建设产学研一体化研发中心和高技能教学团队，切实提高高职教育集团内涵发展和社会服务能力。

（三）完善高职教育集团的治理机制

高职教育集团的内部治理架构，主要是指参与高职教育集团办学的各方在各种权力的分配、制约和利益实现过程中的制度规定、体制安排。由于国内绝大多数的高职教育集团都是松散型的联合体，因此有必要将高职教育集团的治理机制由松散型调整为紧密型。

建立紧密型治理机制，高职教育集团首先应完善职教集团章程、健全董事会或理事会及相关专业委员会的议事规则，从治理制度层面明确集团以及集团决策层、执行层、监督层的权利义务，保障各治理主体按规则参与集团决策，确保职教集团实现科学决策、高效决策。

其次，要按照高水平的治理准则健全治理机构，组建高效运行的负责任、能担当、有水平的董事会或理事会，并完善董秘部、秘书处等保障集团决策高效运行的工作机构，加强与各治理主体和集团成员的日常沟通和交流，充分听取相关各方对集团建设的意见和建议，保证各方能够及时表达合理的利益诉求，并在此基础上加强对集团自身建设及区域社会经济发展的调研，推动董事会或理事会科学制定高质量的战略规划并及时进行调整，在治理层面保障集团实现及时高效的战略决策。

建立和完善集团理事会会议制度、集团信息沟通制度、集团财务公开制度、集团成员资源共享成本补偿制度、协调统一的教学标准与质量考评制度等，

第三，建立高效执行机制，保障集团决策落实到位。在具体操作层面上，建议设立学校、二级学院、专业（群）三级校企合作组织架构。校级层面，实现学校与政府、行业、企业的平台搭建、顶层设计方面的对接；二级学院层面，实现与企业在具体合作项目上的对接；专业（群）方面，实现与企业在具体操作实施层面的对接。为促进校企合作良性发展，在现有专门工作委员会基础上，建议在校级层面增设校企合作委员会，学校和企业均委派专人加入。董事会或理事会应授权校企合作委员会在职教集团战略规划框架内，负责牵头组织、协调推进校企合作方案和相关重大项目的制订和完善及其落地实施，并根据需要及时提请董事会或理事会对校企合作的重大方案或重大事项进行决策，协调解决校方和企业在合作中遇到的问题和需要配备的必要资源。在二级学院和专业（群）层面，可根据需要，请企业委派专职人员，在校企委员会的直接领导

下，负责具体项目的推进和实施。

第四，建议根据职教集团的特色和定位，建立高效的资源共享平台，促进资源的优势互补和开放共享，推动集团各方加强交流和合作，促进院校教师实践锻炼和提升企业核心骨干的理论水平。

第五，建议完善高职教育的内部管理制度，提高集团运转效能。"没有规矩不成方圆"，建立和完善内部管理制度体系是提高高职教育集团办学质效的制度保证。为实现职教集团的规范高效运转，有必要建立健全集团日常工作制度、考核评价制度、奖励惩罚制度、准入淘汰制度等，并在日常工作中严格执行。

（四）建立多元共赢的激励机制

高职教育集团可以看作是利益相关者组成的"多边组织"。为推动集团各成员单位，特别是高职院校和企业单位积极参与职教集团建设，有必要建立兼顾中长期利益和短期利益、局部利益和整体利益的多元共赢激励机制，从利益机制角度将集团及其成员打造成利益共享、风险共担的利益共同体，让共同利益成为高职教育集团发展的内在动力。

第一，政策层面。建议政府建立激励政策，鼓励企业真正地参与到高职教育集团的建设中来。政府应为参与高职教育集团的企业提供实实在在的优惠政策，给予"金融＋财政＋土地＋信用"组合式激励政策，并按规定落实相关税费政策。只有企业在参与高职教育集团的建设中获得实质利益，才能从根本上调动企业主体和其他社会资本的积极性。

第二，集团层面。为实现可持续发展，高职教育集团应充分考虑成员单位的合作需求和利益诉求，在董事会或理事会的领导下，以资源共享、责任共担、合作共赢为准则，从实际出发共同研究制定集团内部资源共享和协作方案、激励和惩罚政策以及相应的考核评价体系，激发各方的合作意愿，充分调动企业及其员工参与高职教育集团建设的积极性。考虑到集团成员的类型差异，在制订激励政策时应根据成员需求有所侧重，如对于企业就应以经济利益和培养企业发展所需合格人才为主，对于为校企合作、集团发展等作出贡献的集体和个人应以物质奖励和荣誉激励为主。此外，可以考虑在高职教育集团内部适当引入竞争机制，并通过竞争机制调整权力和利益的分配格局、推进内部资源整合取得最佳效果。

（五）完善高职教育集团的培养机制

在高职教育集团建设过程中，教师的职业素养决定集团化办学的质量。通过建立健全高职教育集团的学习和培训平台，促进集团成员之间的相互交流和学习，提升集团员工特别是院校教师的能力和素质，是推进集团可持续发展的有效举措。

首先，应打造高水平的数字化学习和培训平台。第一，集团应通过专业网站或应用软件（APP）方式建立数字化的在线学习和培训平台，并做好日常维护和管理。第二，进行内容整合。根据高职教育集团的发展战略、院校的专业设置和企业的业务特点等，在平台上分门别类的有针对性的汇总整合相关知识和材料，实现信息共享，优先供院校教师学习；平台还可以通过购买喜马拉雅等在线教育课程，请相关教授、专家或企业高管结合学科最新实践开设直播课堂等方式不断丰富可供学习的内容。第三，对内赋能、对外培训。高职教育集团建设好学习和培训平台，并根据运行情况进一步完善后，可以将该平台向集团内的院校学生和企业员工开放，作为集团内部日常学习和在线教育的主要方式；同时，可通过市场化收费方式向集团外的高职院校和企事业单位开放，进一步提高平台的社会效益和经济效益。

其次，加强现场培训内容和质量。加强培训是提高人才素质、增强集团的凝聚力和向心力的重要方式。在人才培训方面，高职院校应加强和集团内企业的合作，共同制定人才培训计划、研究开发新的项目、不断进行合理设计与内容创新，并结合学历教育和职称考试等打造良好的品牌课程，采用脱产、业余、节假日等多种形式开展现场培训，帮助企业对公司员工进行就职以及岗位训练，为企业发展提供人才支持。

（六）加强高职教育集团品牌文化建设

品牌文化，是指品牌在经营中逐渐形成的文化积淀，代表着品牌自身的价值观。加强品牌宣传力度，塑造集团良好形象，可以激发全集团的责任感、使命感和荣誉感。高职教育集团作为多成员单位的松散型联合体，在集团架构下，打造统一的品牌、加强品牌文化建设对于集团长远发展很有必要。良好的品牌形象，有助于提升集团内各成员单位的经济效益和社会效益。

高职教育集团应建立具有地域特色、行业特点的品牌文化体系，做好品牌塑造的战略性规划，从战略高度明确集团的市场定位、发展愿景，以及品牌标识、服务理念和共同的价值观等。通过建立共同的集团战略、品牌文化和发展愿景，明确职教集团全体成员共同遵守的发展理念、精神价值、行为准则和规范标准，力争实现规则统一、标准统一、文化统一，提升集团成员凝聚力，为高职教育集团可持续发展创造良好的文化环境。

第五章
高等职业院校的国际化与走出去

第一节 国外高等职业教育的比较研究

一、德国

德国位于欧洲中部，与波兰、奥地利、瑞士、荷兰、法国等国相邻，是一个联邦议会共和制国家，也是欧盟的重要成员，德国由16个联邦州组成，领土面积约357167平方公里，气候以温带气候为主，人口约8110万人，德意志人占主体，德国也是欧盟中人口最多的国家。1871年普鲁士王国统一德国各邦建立德意志帝国，20世纪以来德国先后挑起两次世界大战，都以失败而告终，1945年德国因战败被分裂德意志民主共和国和德意志联邦共和国两部分，1990年德意志民主共和国正式加入联邦德国，分裂近半个世纪的德国再次实现统一。

德国自然资源总体较为贫乏，除煤、盐等资源的储量丰富外，其它原材料和能源在很大程度上都需要依赖进口，德国是一个高度发达的资本主义国家，虽然经济在两次世界大战中遭受了严重的破坏，但都能够在短时间内迅速恢复到了战前水平。二战后，尤其是20世纪60年代以来，德国在经济建设上取得了举世瞩目的成就，再次迈入欧洲强国行列，成为欧洲最大经济体，其国民生活水平、社会保障水平处于世界前列。德国拥有高度发达的工业体系，工匠精神闻名于世，德国制造更是享誉全球，德国拥有一大批世界级的优秀科学家和高素质产业技术工人，在基础科学与应用研究方面处于世界前列，以汽车和精密机床为代表的高端制造业是德国工业的重要象征，奔驰、宝马、保时捷等汽车品牌已成为德国工业的名片。

德国之所以有发达的工业体系，除了拥有众多闻名世界的科研机构和大批优秀科学家作支撑以外，还和良好的人才成长环境和发达的高等职业教育体系紧密相关，目前德国已经形成了居于世界领先地位的高等职业教育体系，其灵活的办学风格、高效的人才培养制度支撑了德国科技的进步和经济的发展，为德国经济腾飞提供了大量的高素质技能人才。

德国高等职业教育始于20世纪60年代，经历半个多世纪的发展，已经形成了较为完备的体制，德国政府一直都非常重视教育的发展，把教育看作是一种对下一代、对未来的投资，更是将教育比喻成"强国天梯"，尤其是把职业教育视为国家教育的"第二根支柱"。20世纪60年代以来，德国逐步形成了两种比较典型的以职业教育为主的学校，这两类学校各有明确的定位和独特的办学特色，共同构成了德国高职教育体系。一类是高等专科学校，近年来很多高等专科学校纷纷改名为应用科技大学，主要是以学生未来就业的岗位需求为原则，培养各种类型企业的技术骨干或管理人才，另一类是以校企合作为主的双元制职业学院，它诞生于20世纪70年代中期，是学校和企业联合办学的产物，这两个办学主体共同参与"双元制"教育教学，目前它已经成为多数德国青年的第一选择，每年大约有一半以上的中学毕业生选择到"双元制"学校接受职业教育，"双元制"职业教育办学模式自产生以来，在实践中不断变革和完善，已经成为德国高等职业教育的典型代表，同时也是世界上许多国家纷纷仿效的对象。

(一)"双元制"职业教育模式

"双元制"职业教育是目前国际上公认度较高的一种职业教育人才培养模式，它是以国家立法支持为前提，以企业为主体、职业学校为辅助，通过学校与企业紧密合作共建而形成的一种联合办学模式。所谓"双元"，一元是以学校为主体的单位，一元是以企业为主体的单位，企业在其中处于主导地位，在该模式下学员具有学生和学徒两重身份，学生在职业学校学习专业知识后，再到企业或其他单位接受专业培训，在学校和企业两者间实现工学交替。"双元制"职业教学模式可追溯至中世纪的手工培训行业，它是在以学徒制为基础，结合现代科学技术知识而发展起来的一种新兴职业教育模式，德国最初的"双元制"职业教育一般只限于职业学校，随着时代的发展，"双元制"职业教育体系开始从职业学校延伸到高等院校，形成了一种新型的职业学院，后来也被称为"双元制大学"，德国的"双元制"职业教育具有以下特征：

1. 课程以技能培训为主，培养目标注重实践

"双元制"培养模式不要求学生掌握较强的理论知识，学生只需掌握一些基础的理论知识以及和职业教育相关的理论知识即可，"双元制"模式非常注重学生的职业技能训练，职业技能训练时间一般占到总学时的60%以上，学生大多数时间都在企业进行实践操作训练，平时的课堂教学也融入实践过程之中，因此在该教育模式下培养的学生虽然基础理论功底一般，但却具有较强的专业技能，能够胜任德国现代工业发展的需求。"双元制"模式下的课程

内容设置以企业为主导、学校为辅助，根据专业差异和学生职业能力需求不同进行有针对性的选择，并及时融入行业相关的新技术、新工艺，以保证学生能够接受最新的技术和最前沿的知识，可以说"双元制"教育模式下的课程以技能为主，主要培养学生的职业能力。德国的职业学校一般都拥有较多的实习资源，可以为学生提供多种多样的实习机会，特别值得一提的是，各大职业学校基本都拥有自己的校内实训基地，而且学校经费充足，有能力购置各种仪器和实训设备，此外很多企业出于自身长远发展考虑，也会主动与职业院校进行合作，为学校捐赠各种实习设备。

2. 完备的法律体系保障了职业教育正常开展

"双元制"职业教育模式的成功和德国完善的法律保障体系是分不开的，德国的职业教育法律体系经历了一个长期发展过程，并不断完善，目前已基本成熟，它是促进高等职业教育健康发展的重要保障，一系列法律法规对职业教育相关主体的权利义务、各级各类职业培训制度、职业教育的最终考核机制等都进行了明确的规定，保证了职业教育有法可依。19世纪末20世纪初，德国就颁布了《保护手工业法》《手工业条例》等法律，为后续的"双元制"职业教育的发展奠定了基础，1969年德国颁布了第一部保障职业教育正常开展的法律——《职业教育法》，第一次从法律层面上肯定了职业教育在德国的地位，特别是确立了"双元制"职业教育的法律地位，该法对职业教育的指导思想、考核体制、方针政策、培训方式等内容进行了明确的说明，可以说该法律在德国职业教育领域中具有"里程碑"意义。自《职业教育法》颁布以来，德国还出台了许多配套的法律法规，如《企业基本法》《高等教育职业教育专业培训及考试细则》《联邦职业教育促进法》《职业教育改革计划》

《职业教育促进法》等，这些法律的颁布促使了"双元制"职业教育日趋完善。随着时代的发展，职业教育队伍不断壮大，原有法律体系已不再适合时代的发展，2018年德国教育科研部发布了《职业教育法修订草案》，对原来的《职业教育法》进行修订，这是自1969年《职业教育法》实施以来的第二次重大修订，其核心是为了提高职业教育的吸引力，继续为"双元制"职业教育的发展保驾护航。

表 5-1　德国职业教育主要相关法律

法律名称	颁布时间	主要作用
《保护手工业法》	1897 年	首次在工业和商业中规定了学徒培训，此外该法律还用特殊条文规定了手工业中的学徒培训。
《手工业条例》	1908 年	职业教育法律基石，为"双元制"教育奠定了基础，该法律推动了职业培训的高速发展。
《职业教育法》	1969 年	首次在全国范围内为职业教育确立了统一的法律基础，以法律形式明确了双元制职业教育制度。
《企业基本法》	1972 年	对企业职业教育中学徒培训进行了完善，明确规定企业管委会在企业职业教育中的权利义务。
《高等教育职业教育专业培训及考试细则》	1973 年	明确规定了高等职业教育学校的师资培养和任职资格。
《职业教育促进法》	1982 年	保证职业教育的持续和稳定发展。
《联邦职业教育促进法》	1986 年	鼓励企业参与职业教育，明确了企业在职业教育中的权利和义务，对参与职业教育的企业进行税收减免税等优惠措施。
《职业教育改革计划》	1997 年	继续鼓励企业参加职业教育，开发新的职业教育领域，进一步加强了职业教育的法律保障及其吸引力。
《联邦职业教育保障法》	2004 年	以立法手段保证了企业为职业教育学生提供培训岗位。

3. 在考核上采取学习与考核相分离的方式

为保证"双元制"职业教育模式的教学质量，确保最终的考核结果客观、公平、公正，每当学生完成学业以后，都需要接受全国的统一考核，考核严格按照《职业培训条例》《标准考试条例》等法律规定进行，这些法律对职业教育的考核环节做了明确的规定，也划分了统一的标准，最终的学习成果通过第三方考核机构运用"教考分离"的方式对学生的最终学习成果进行考核。考核的形式分为专业知识考试和技能操作考试，两部分考核各占一定的比重，考核主体既不是学校，也不是企业，而是由行业协会统一组织，德国的高等职业教育考核一般由手工业联合会（HWK）或工商业联合会（IHK）分行业、分批次进行组织实施，最终的考试实施、成绩认定由实施本行业职业考试的行业协会单独组织完成，考试通过者将会获得由行业协会统一颁发的资格证书，这种通过第三方独立考核的方式保证了"双元制"教育考核的公平、公正，也促进各大职业院校在平时的教学过程中提高教学质量，提升学生的竞争力。

4. 企业广泛参与到"双元制"教学实践中

在"双元制"教学模式下，教学主体多元化，学校、企业、行业等都参与其中，企业是办学的主体，学生大部分时间都在企业进行实践教学，在企业参与办学的模式下，一方面能够使教育的目的更好地体现企业发展对人才的需求，另一方面也为学生提供了良好的实践机会，让学生能够将课堂知识运用于实践，以掌握适应现代工业发展的高水平技能。在德国诸如西门子、大众汽车、德意志银行、麦德龙、戴姆勒－克莱斯勒等世界级知名企业主动参与到"双元制"教学模式中，这些企业基本上都拥有专门的培训基地和专业的技能教师，能够为学校提供大量的教学资源，在经费保障上，一般德国的企业承担了"双元制"职业教育70%以上的费用，基本解决了"双元制"职业教育下的经费问题,这样也减轻了各大职业院校的经费负担。

5. 严格的教师选拔标准和丰厚的教师待遇

德国高等职业院校有一支高素质且结构稳定的师资队伍,教师的类型主要包括普通教育课、专业理论课、专业实践课三种,各大职业院校都有稳定的专职师资队伍,在教师选拔上有较高的标准,一般都要求从业人员是集授课教师、工程师、实践工作者等身份于一体,不仅要掌握深厚的理论功底,而且还要有丰富的从业经验和较强的实践能力,例如很多州都把取得博士学位、从事本专业实际工作满五年以上作为高职院校教师必须同时具备的基本条件。此外,德国职业院校还注重引进企业优秀的技术人员或技术骨干作为学校兼职教师,以补充师资队伍,由此形成了以专兼职教师相结合的特色职业教育师资队伍。在教师的地位上,德国非常重视高职院校师资队伍的待遇,丰厚的待遇也是推动德国职业教育教师队伍高质量发展的重要原因,从事职业教育的教师都是国家公务员,不论是社会地位还是福利待遇都比较高。

(二)"双元制"职业教育模式对我国的启示

1. 提高企业、行业协会参与职业教育的积极性

参与企业实践是"双元制"职业教育模式中最重要的一环,企业的深度参与是"双元制"职业教育成败的关键,目前由于社会传统、国家政策、历史等原因,我国企业参与职业教育的意识还很淡薄,虽然国家近年来大力提倡工学结合、校企合作、顶岗实习等,但各行业参与职业教育还缺乏长效机制,效果不明显。因此我国高等职业教育要学习德国"双元制"办学经验,鼓励企业和学校之间

加强合作，建立完备的交流体制，出台各种政策调动企业参与职业教育办学的积极性，利用企业设备齐全、专业人才集中、生产经验丰富的优势，与职业院校合作建立实习基地，共同完善校企合作，让尽可能多的企业、行业协会积极参与到职业教育中来，为职业院校学生发展提供更多的实践机会。

2. 加强高等职业院校"双师型"教师队伍培养

"双元制"模式下的师资培养既重视理论知识，又重视专业训练，师资培养标准要求高、培训年限长。目前我国高等职业教育还缺乏这种理论与实践并重的"双师型"教师。对此，我国高等职业院校应该注重"双师型"教师培养，紧密结合专业实际，有计划地安排高职院校教师到企业顶岗实践，提高实践教学能力，培养同时具备扎实理论基础和丰富实践经验的"双师型"教师。在加强校企合作的基础上，还要聘请企业里的技术骨干建立一支兼职教师队伍，为学生技能培训提供重要保障。在继续教育上，大力实施职业教育师资提升工程，通过出国研修、企业实践、脱产培训等途径加快建设以专职型教师为主、兼有其他类型教师的"复合型"教师队伍。

3. 建立培训与考核相分离的职业教育考核制度

我国高等职业教育目前在考核内容上还以理论知识为主，基本都是由各大院校单独实施，存在"重形式、轻结果"的问题，也没有形成社会统一的标准。因此我国的高职教育在考核上应借鉴"双元制"模式，针对职业教育的培养目标，在考核上进行改革，以提高学生的专业技能为目标，充分发挥行业组织在高职教育技能测试、考核标准制定等方面的作用，加大技能实践在最终考核中所占比例，可通过技能大赛、项目成果考核等方式对学生的学习效果进行综合考评，保证学生职业教育的质量。此外我国职业教育还要重视职业资格考试，创造条件鼓励职业院校学生参与各种类型的职业资格考试，可以考虑让学生的毕业与职业资格证书相挂钩，提高学生参与职业资格考试的积极性。

二、新加坡

新加坡位于东南亚，北与马来西亚为邻，南与印度尼西亚隔海相望，毗邻马六甲海峡，处于马六甲海峡咽喉位置，国土主体除新加坡岛之外，还包括周围数岛，面积724.4平方公里，人口共计约564万，是一个典型的花园城市国家。近一个世纪以来，尤其是二战以后从欧亚地区迁移而来的移民及其后裔构成了新加坡国民的主体，多元文化是这个国家典型的特征，新加坡以政局稳定、廉洁高效而闻名世界，政治体制实行议会制共和制。新加坡19世纪初被英国占为殖民地，随着二战的爆发，1942年被日军占领，二战结束后重新沦为英国殖民地，1965年新加坡正式独立。独立以来的新加坡开始着手进行经济建设，以"国家资本主义"为主的经济发展模式发挥了重要的作用，独立以来经济建设取得了举世瞩目的成就，成为"亚洲四小龙"之一。新加坡也是全球国际化程度较高的国家之一，是继纽约、伦敦之后的国际著名金融中心、亚洲重要的服务和航运中心之一，同时新加坡是东南亚国家联盟（ASEAN）、世界贸易组织（WTO）、亚洲太平洋地区经济合作组织（APEC）的重要成员之一。

相对于西方发达国家，新加坡工业化起步较晚，开始于20世纪60年代，工业化初期主要以劳动密集型产业为主，凭借国内低廉的劳动力吸引外资到过国内建厂。一直到20世纪70年代，新加坡工业开始向技术密集型转变，在工业转型的关键时期急需一批熟悉技术的技能型工人，当时以南洋理工学院为主的多所国内高职院校提出要学习和借鉴德国的"双元制"办学模式，获得了政府的大力支持，高职教育也获得了较大发展。进入20世纪80年代，随着工业化的推进，新加坡开始进入科技密集型时代，需要更多的高层次职业教育人才，因此新加坡政府开始扩大高职教育的办学规模，在借鉴国外高职教育的办学经验基础上，提出了全新的发展理念。

新加坡经济的高速发展和完善的高等职业教育密切相关，高职教育的发展为经济腾飞输送了大量优秀技术人才。新加坡高等职业教育发展模式主要有两类，一类是教育部直属的职业院校，另一类是政府下设的经济发展局直属的培训机构。新加坡高等职业教育主要以5所理工学院为主，分别为南洋理工学院、新加坡理工学院、义安理工学院、共和理工学院、淡马锡理工学院，这5所学校是新加坡高等职业教育的主力军，尤其是南洋理工学院的发展近年来备受世界关注，其独特的办学风格已经成为国际上比较公认的一种职业教育办学模式。

（一）南洋理工学院的职业教育办学模式

南洋理工学院成立于1992年，是由新加坡原来五所科技学院和20个应用中心整合组建而形成的一所公立学院，是新加坡政府为了满足经济高速发展对人才需求的日益增加而建立的高等职业院校，经过二十多年的发展，南洋理工学院以独特的教育理念、灵活的办学方式成为新加坡高等职业教育人才培养的重要基地，也成为世界高等职业教育的优秀代表。

南洋理工学院在借鉴德国"双元制"职业教育办学经验的基础上，根据新加坡的具体国情提出了独具特色的"无界化"校园文化、"教学工厂"培养模式、教师"无货架寿命"培训策略、以"项目化"教学模式培养复合型人才等职业教育发展理念，高等职业教育发展取得了举世瞩目的成绩，为新加坡工业现代化的实现做出了重要的贡献，其先进办学理念被世界上许多国家借鉴。

1. 以"无界化"为主的校园文化

南洋理工学院学校规模较小，学生来源多元化，学校所拥有的资源也比较有限，正因为存在这些劣势，才催生了"无界化"校园文化这一理念，"无界化"的核心在于通过倡导合作互利的校园文化，强化部门、系部、专业之间的合作，促进资源、知识、人才共享，推动不同部门之间教学活动交流和项目合作，提升学校的办学灵活度，为教师的教学科研以及学生的学习提供更多的平台。"无界化"是对企业文化的一种借鉴，众所周知，文化是一个企业的核心竞争力，同样的道理，要办好一所高职院校，也需要有自己的核心竞争力，即学校的特色文化底蕴。

目前"无界化"的理念已经渗透到新加坡的各个学校，成为新加坡教育的一种独特文化。无界化首先体现在校园环境的无界化，这是新加坡的学校与我国学校较大的区别，在新加坡，学校与社区、学校与学校之间没有明显界限，很多学校没有围墙，也没有门卫，学校几乎变成了社会的一部分。其次是学校内部的无界，新加坡的学校在布局上，为了充分利用有限的资源，加强二级学院之间的合作，将相关联的学院或具有互补功能的部门布局在一起，实现教学、科研、运动、办公、生活的一体化，以有利于功能互补，随着时代的发展，"无界化"开始扩展到知识领域，即教师可以将自己的讲义、课件等教学资源上传到网络系统，构建"无界化"的资源分享平台，以便其他人学习借鉴。再次是校企合作的无界，在校企关系上，以南洋理工学院为代表的学校将学校、企业、培训基地合为一体，实现了校企关系从模拟、模仿、再到融合的过程。

2. 独树一帜的"教学工厂"模式

南洋理工学院借鉴了德国"双元制"办学模式，但又区别于"双元制"模式，"教学工厂"模式是南洋理工学院享誉世界的特色职业教育培养模式，"教学工厂"虽名为工厂，但实际上并不存在厂房，仅是一种教学理念，再该模式下，学校教学借鉴企业发展经验，创造出类似于企业的生产环境，采用和企业相似的具备真实性和适用性的教学设备，聘任具备丰富教学经验和较强实践能力的教师，为学生创造出类似于企业的逼真实习环境，以达到了产学研一体化的目的，为培养具有应用型技能的专业复合型人才做支撑。南洋理工学院聘任的教师除了引进具有较高学历和较强专业技能的人员以外，还基于"教学工厂"平台聘请企业专业技术人员担任兼职教师，南洋理工学院80％以上的教师都是企业的业务骨干或具有丰富实践经验的资深人士。

"教学工厂"模式主要体现在企业环境、项目开发、学校本位三个方面。在企业环境上，"教学工厂"具备较强的针对性，为学生提供了很多逼真的实践操作机会，同时学生也可以将学到的理论知识和专业技能应用到逼真的企业环境之中。在项目开发上，"教学工厂"不仅能够实现职业院校和企业的深度合作，也为教师的科研和企业项目开发提供了机遇，南洋理工学院和甲骨文、思科、华为等大批国际知名企业合作，共设校企合作基地，不仅为学生提供模拟化实习的机会，也为教师或企业工程师从事企业项目开发，实现产学研一体化提供了平台。在学校本位上，"教学工厂"模式是以学校为主导，企业只是参与者，它是在以现有的教学为基础上所形成，是理论课和实验课相结合的产物，企业只是为人才培养提供辅助的一种平台。

3. 培训采用"无货架寿命"策略

南洋理工学院对教师实行严格的准入制度，在招聘教师的过程中除了要求教师具备深厚的理论知识以外，还要具备一定的专业技能才能胜任教学工作，此外还要求教师加强自身学习，永远保持所拥有的知识不落伍。"无货架寿命"就是对教师继续教育提出的一个新的要求，是南洋理工学院在教师培训上所形成的一种独特的文化，该概念来源于产品保质期概念，比如超市里的食品都有保质期，一旦食品过了保质期，将会因为无法食用而被淘汰，将此概念运用到教师知识更新上，当今世界处于一个信息大爆炸的时代，知识和技能更新迅速，任何知识都有一个生命周期，教师所掌握的知识也是有限的，如不加强继续教育一般会在工作后的两到五年后达到知识的极限值，最终被时代所淘汰，要想成为优秀教师，就必须保持终身学习的理念，延长自己的"保值期"和"保鲜度"。

要实现"无货架寿命"，南洋理工学院鼓励教师坚持终身学习，时刻保持自身的市场价值，教师除了加强理论学习以外，学校还安排专任教师进入企业开展专业实践，保持与一线企业的密切联系，获得一线的最新知识，让自己永不贬值，就像"无货架寿命"的商品，有无限的保质期。南洋理工大学为教师学习提供了多种渠道，包括企业、高校、"教学工厂"等，此外还要求教师定期对自身的情况进行分析，以明确后期的学习方向，同时学校针对不同专业的老师也设置了相应培训指标，对教师的培训不设年龄限制，鼓励教师申请第二学位，提高自身的竞争力。

4."项目导向"模式伴随教学过程

南洋理工学院人才培养定位高，即要求宽基础，又重视专业技能，"项目导向"模式是南洋理工学院职业教育另一个独特理念，该理念将企业项目引入教学模式中，以便更好地实现教学目标，同时也为学生提供一个有效的实践平台，以开发学生的创新能力，培养学生的团队精神，提高解决实际问题的能力。

南洋理工学院的教学与项目是紧密联系的，项目贯穿整个学习阶段，每个专业课程由核心模块、专项模块、就业能力模块等组成，课程设置根据新加坡产业结构发展的变化进行调整，一般在第一、二学年以宽基础培训与学期小项目为主，要求学生除了需完成基本课程外，还要进行一个小项目，项目主要帮助学生联系实际，将专业知识更好地运用，以帮助学生更好地理解理论知识，从第三学年开始，分为A、B两个组，两个组交叉进行专项培训、企业实习、毕业设计，形成双轨制教学，以保证"教学工厂"全年项目的不间断，毕业设计相当于我国的毕业论文，主要在教师的指导下开展一些应用型项目。南洋理工学院为培养适合经济社会发展的复合型应用人才，坚持教育始终走在生产和建设的前面，在课程开发上极具超前性，"以明天的科技，培训今天的学员，为未来服务"正是南洋理工学院的课程设置理念，该理念对服务实体经济具有超前的指导作用。

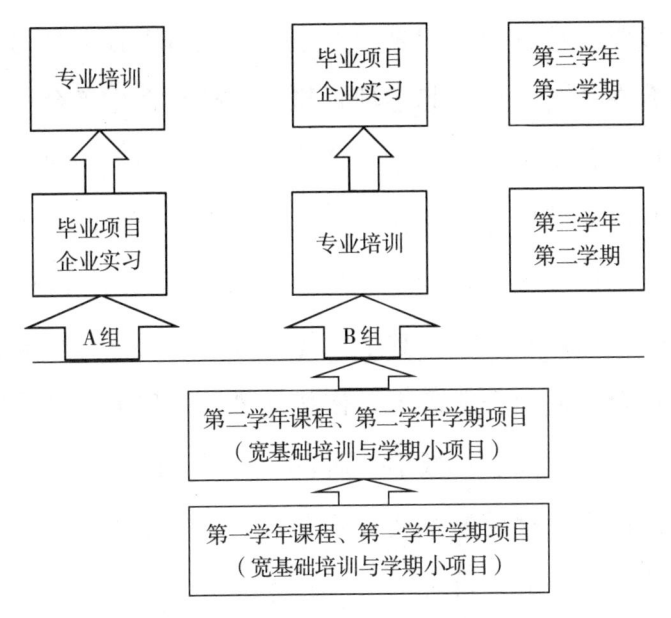

图 5-1 南洋理工学院教学课程安排

（二）南洋理工学院办学模式对我国的启示

1. 打造具有自身特色的"无界化"校园文化

南洋理工学院以"无界化"为特色的独特校园文化，打破了学校之间、部门之间的壁垒，实现了不同部门的合作和资源的共享，营造了开放、包容、创新的氛围。我国的高等职业院校也可借鉴"无界化"理念，引入现代企业文化的精髓，让企业的价值观念在高职院校中得以发展和内化，在教学资源布局、教育人才培养上加强不同院校乃至学校内部各部门之间的合作，实现一个区域内资源、知识等基础设施的共享，在区域内形成各种资源优势互补的格局，以达到各种资源在不同主体之间的共享，为培养具备生产、管理等专业技能的职业教育专门人才提供更加有利的物质条件。

2. 深化校企合作，教学中营造真实企业环境

培养专业技能是高等职业院校教学工作的重中之重，南洋理工

学院的"教学工厂"模式把真实的企业环境引入教学过程,将教学和实践融合在一起,搭建起了项目研发、校企合作平台,为学生提供了一个更完善、更有效的学习环境,实现了理论知识与技能实践的结合。我国高等职业院校在人才培养过程中,可以借鉴南洋理工学院"教学工厂"理念,创新人才培养方式,加强与企业的合作,把企业项目引入到职业教育教学工作中来,将教学环境与企业环境进行深度融合,面向企业需求,依托优势学科积极尝试根据专业的差异与企业共同建设兼具教学、研发、生产功能的实训基地和创新中心,共同进行课程设置、项目开发,为学生创造一个将理论学习和实践训练相结合的平台。

3. 以内部培养和外部引进方式加强师资建设

师资队伍决定着职业教育的教学水平,也是办好职业教育的重要基础,决定着人才培养质量的高低,我国高等职业院校长期以来存在着师资队伍总体素质较低、高层次人才缺乏、教师项目经验不足等问题,制约了我国高职教育的发展。因此我国高职教育除了要引进技术能力强、行业影响力大的高层次人才担任学科带头人以外,还应该学习南洋理工学院的"无货架寿命"教师培养模式,通过与企业合作,共建校企合作平台,加强对教师实践能力的培养,让教师不脱离企业的生产一线,时刻保持接触最新的专业知识。此外还要通过聘任的方式将企业的中高级专业人才聘任到学校承担相应的专业课程,培养一批校企联系紧密、师资规模稳定、平台双向互动、综合水平较高的专、兼职教师队伍。

4. 完善人才培养方案,培养高层次技术人才

课程设置是高等职业教育专业建设的核心,关乎学生的职业发展,南洋理工学院将职业能力培养作为教学的核心,根据学生对未

来职业的要求设置具有较强职业性和实践性课程，同时以"项目导向"为主的培养模式，将项目贯穿到学习的全过程，为学生实践提供了更多的机会。我国高等职业院校在进行人才培养方案的设置时，可适时改革课程体系，更新教学内容，紧密围绕我国产业转型升级的实际，按照以服务经济社会发展的原则来组织和优化课程结构，使教学内容更多的体现职业性和实践性，同时专业课程要根据社会的变化及时更新，吸收发达国家在生产和管理一线的新知识、新技术，以适应社会发展和学生就业的需要，在制定或修订人才培养方案的过程中，可以考虑根据课程实际增加实践项目，以提升学生的动手能力，实现理论与实践的结合。

三、日本

日本位于亚洲东部、太平洋西北，属于典型的岛国，领土主要由本州、四国、九州、北海道四大岛及若干小岛组成，总面积约37.8万平方公里，人口约1.26亿。自明治维新以来，日本通过改革迅速崛起，并跻身资本主义强国行列，走上军国主义道路，开启了对外扩张的道路，曾多次侵略中国、朝鲜等亚洲国家。二战后的日本深受战争的影响，经济面临崩溃的边缘，日本于1947年颁布新宪法，开始由天皇制国家变为以天皇为国家象征的议会内阁制国家。

日本国内资源匮乏，严重依赖进口，二战后日本在美国的援助下，开始着手经济建设，奉行"重经济、轻军备"的发展路线，重视科学教育的发展，经济迅速崛起，一跃成为远东第一大经济强国，创造了世界经济发展史上的神话，高度发达的制造业和文旅产业是其国民经济的重要支柱。此外，日本科学研发能力强大，拥有大量的跨国公司和科研机构，每年科研经费占全国 GDP 的的比重位居发达国家前列。

日本在二战以后奉行"教育先行"的政策，大力发展高等职业教育，通过以人才优势弥补先天的资源匮乏劣势，逐渐成为世界高等职业教育最成功的国家之一，日本有着丰富的高等职业教育经验与先进的办学经验，日本之所以能够在二战后迅速成为发达资本主义强国，高等职业教育发挥着举足轻重的作用。

（一）以混合所有制办学模式为主的高职教育

日本高等职业教育总体以混合所有制形式为主，参与办学的主体有国家、企业、私人，多样化的办学主体相互补充，形成了产权结构多样化、经费来源多渠道、教育资源相互补充的混合所有制办学模式。日本高等职业教育的类型主要有短期大学、高等专科学校、专修学校三种，以及其他高中后职业技术培训机构所组成，其发展始终坚持以市场需求为导向，功能随着社会经济发展而不断变化，并在不同时期有不同的侧重，各种类型的高职院校相互学习、相互竞争，为日本经济发展输送了大量合格的技术人才，可以说日本经济发展史就是一部高等职业教育的成长史。

二战后，日本为了迅速恢复被战争破坏的国内经济，急需一批具有专业技能的高素质人才，从 1950 年开始短期大学出现，它是一种高等职业教育的新形态，面向高中毕业生，包括社会上一些学制达不到 4 年制的职业教育机构，它不设学院，只设学科，随着社会需求的增加其数量也在逐年增加。短期大学主要以培养具有实际应用能力的技能人才为主，其私立化程度高达 90% 以上，产权为学校法人，办学经费渠道有法人集资、学费等。

20 世纪 60 年代以来，随着《国民收入倍增计划》的实施，日本开始进入经济高速发展的时代，产业结构进行深度调整，制造业迅猛发展，短期大学和各类学校所培养的学生很难满足现有经济发展需求。日本国会开始修订《学校教育法》，及时调整高等职业教育的发展方向，创建高等专科学校，招生对象主要是初中毕业生，主要以培养中级技术人才为主，高等专科学校的出现满足了日本经济社会高速发展和产业快速转型的需求。

20 世纪 70 年代以来，知识密集型和服务型经济兴起，知识更新周期缩短，传统的专业设置和学科划分已不适应时代发展的要求，高等职业教育改革迫在眉睫，日本国会再次对《学校教育法》进行修正，把学习年限在一年以上，学生总人数在 40 名以上，每年授课时间 800 学时以上的学校升格为专修学校，在政府的政策支持下社会出现了大量由私营机构出资兴办的各种专修学校，它以培养实用型专业技能人才为目标，主要招收高中毕业生或具有同等学历者为主。专修学校在人事、预算上具有较大的自主权，经费来源渠道有法人投资、学费收入、社会服务收入等，办学模式借鉴了民间思维，学校之间鼓励自由竞争、优胜劣汰，办学效益也在不断提高。

1. 以民办为主的多元化办学类型

二战后日本的经济建设需要大量的职业教育人才，日本政府由于财力有限，因此高职教育的发展不可能完全由政府来主导，在这种情况下，吸收民间资本到职业教育中来是短期内实现职业教育快速发展的重要举措，此时在政府的支持下民间办学开始大量出现，职业教育机构的产权结构开始向多元化方向发展，包括学校法人、财团法人、社团法人、宗教法人及个人等多种形式的主体都参与到职业教育办学中来，形成了以日本国立、公立、私立三种办学类型并存的职业教育类型，各类职业教育特色鲜明、覆盖面广，其中90％的高职院校均为私立，由此形成了全方位、多层次、不同类型的高等职业教育体系。

2. 健全的高等职业教育法律体系

健全的法律法规是日本高等职业教育取得成功的另一个显著特点，二战后日本重视教育立法工作，立足于服务经济社会发展和产业转型升级的需求，日本制定了完善的高等职业教育法律体系。战后日本在美国主导下在高等职业教育领域进行了大幅改革，制定了《教育基本法》等法律，重组了高职教育机构，推动高职教育向正规化、法制化方向发展。1951年日本政府制定的《产业教育振兴法》，规定了高职教育的基本概念和原则，提出要通过财政资助推动高职教育的振兴。此外，还先后出台了《短期大学设置基准》《专修学校设置基准》《高等专科学校设置基准》等系列法规，对各类型高职院校的专业设置、学校设施、组织编制等方面做出详尽规定。此外日本的高职教育法律不是一成不变的，而是根据客观经济形势的发展变化对其进行修订，各种法律制度的完善促进了日本高职教育的快速发展。

3. 各种教育间形成了顺畅的通道

日本为学生在各类教育之间的流动形成了顺畅的通道，初中生毕业之后可选择到普通高中学习，或者直接进入高等专科学校，日本高等职业教育具有层次清晰的办学结构，培养层次主要以专科为主，但同时还包含了本科、研究生等层次。1991年日本政府修改了《学校教育法》，明确规定短期大学毕业生获得了规定的学分并通过毕业考试后，可以获得"准学士"称号，《学校教育法》还规定在短期大学达到毕业条件的学生可直接升入本科大学继续深造，解决了学生转学与升学等问题，同时日本还在普通高等教育与高职教育之间建立起了彼此互联互通的桥梁，各类教育之间所形成的畅顺通道解决了学生的后顾之忧，为学生继续深造提供了平台，也吸引了更多的学生选择职业教育。

4. 合理的课程体系和教师发展路径

在课程设置上，为应对经济发展和产业结构调整的需求，各类高等职业院校始终根据市场变化来确定课程结构和教学内容，以保证职业教育与市场的发展相适应，让学生能够学到最前沿的知识，在教学环节中注重学生的实践能力，以提高学生的就业能力和在就业市场上的竞争力，使学生能快速适应企业需求，达到为日本企业在技术更新换代上提供足够智力支持的目的。日本的课程还注重人格培养和文化普及，同时普遍重视公共课程，比如外语、计算机等，要求学生掌握最新的交流技术与工具，此外还开设了大量选修课，为学生的个性发展提供空间。

日本对从事高等职业教育的教师有较高的要求，本科以上学历和从业许可证是最基本的要求。除此之外，教师每年还要通过任职考试，考试分初试和复试，内容包含团体协作、实际技能、性格测验等。在教师招聘上，日本的职业学校还积极吸收社会上优秀技术人员参与到职业教育教师队伍中来，以充实教师队伍。在教师待遇上，日本教师工资一般要高于政府公务员，且在教师行业内部，职业教育教师工资明显要高于其他类型教师。在教师培养上，日本要求教师要定期参与校内外进修，保证知识、技能的更新。

（二）混合所有制办学模式对我国的启示

1. 推动高等职业教育办学主体多元化

不同的办学主体其办学理念是不一样的，一般政府侧重于公平性，市场侧重于效益，日本的高等职业教育以私立为主，是典型的"市场依存型"，其投资主体由政府、社会、行业、个人等组成，能够充分发挥市场在资源配置中的调节作用，发挥民间资本的作用，拓展办学经费来源，实现公办学校所达不到的效应。我国目前的高等职业院校均以公立为主，办学体制比较僵化，经费主要来自政府。因此我国高职教育可以考虑发挥社会的力量，突破传统的办学思维，在法律、税收等方面出台优惠政策支持民间高职教育的发展，鼓励社会各界支持和发展高等职业教育，改变办学主体单一的现状，推动办学主体多元化，形成政府办学、民间办学相辅相成的多元化办学格局。

2. 加强顶层设计，健全相关法律法规

日本历来重视高等职业教育的顶层设计，在国家层面上建立了一系列职业教育法律法规，在微观层面上也对不同主体的权益给予了明确的法律保障，日本始终坚持普通高等教育与职业教育同步发展，高等职业教育的改革始终服务于经济社会发展。我国近年来开始重视高等职业教育的发展，也制定了一些法律法规，但由于我国高等教育发展起步晚、层次低，很多法律法规更多是在宏观层面进行政策指导，缺乏可操作性，这与我国致力于建设教育强国的发展战略不相适应。因此我国要借鉴日本的经验，提高职业教育的地位，将高等职业教育纳入国家经济社会发展，尤其是教育规划的大盘中，实现高等职业教育和普通高等教育地位平等，探索出一条具有中国特色的高等职业教育发展道路，以保证高等职业教育能够培养适应社会主义经济发展需要的技能型人才。

3. 在各种类型教育之间建立顺畅的通道

日本高等职业教育和普通高等教育之间有健全的畅通渠道，不同类型的学生之间在转学、升学等问题上可以得到妥善解决,这也正是我国教育发展过程中所缺失的。目前我国高等职业教育在人民心中的地位较低,在我国一般都是一些学习成绩不好的学生才会选择高职教育,同时高职教育与其他教育之间尚未形成有效的衔接机制,高职教育学生只有毕业证,没有学位证,而且高职院校学生如果想进入本科院校学习必须通过"专升本"或者"本科学历自学考试",不论是考试难度还是操作流程都比较繁琐。因此我国可借鉴日本高等职业教育办学经验,为高职院校学生的后续发展提供畅通的发展通道,在高职教育与其他教育之间建立起互联互通的机制,让高职院校学生有更多的机会接受其他类型的教育。

四、澳大利亚

澳大利亚位于南太平洋和印度洋之间,东、西、南、北四面和太平洋、印度洋及其边缘海相邻,领土主要由澳大利亚大陆和附近岛屿以及海外领土所组成,是世界上唯一的一个国家独占一个大陆的国家,全国下辖六个州和两个海外领地,领土面积7617930平方公里,人口约2327万,是一个典型的移民国家。澳大利亚曾是英国的殖民地,1901年摆脱英国殖民统治,正式成为一个独立的联邦国家。澳大利亚是南半球经济最发达的国家,全球第四大农产品出口国,是世界上放养绵羊和出口羊毛最多的国家,被称为"骑在羊背的国家",澳大利亚矿产、石油、天然气等资源非常丰富,多种矿产出口世界各地,被称作"坐在矿车上的国家"。

澳大利亚是世界高等职业教育较为发达的国家之一,高等职业教育以独特的办学模式在国际上享有盛誉,澳大利亚从国家到普通公民都非常重视职业教育，在澳大利亚有过职业教育经历的人相对于那些纯理论学术型的学生更容易找到满意的工作，澳大利亚政府要求各行业中有技能要求的工作岗位，必须持有资格证书才能从事相关工作，即使本科以上学历的毕业生也必须取得 TAFE 培训资格证书才能就业。

澳大利亚高等职业教育经历了一个缓慢的发展与变迁过程，随着政府的推动逐步发展起来，它既区别于德国的"双元制"办学模式，也区别于日本的混合制办学模式。19世纪60年代，澳大利亚的高等职业教育主要是由一个与大学并存的机构——高等教育学院（advanced college of education）来承担，该学院与大学各司其职，大学承担科研功能，而学院承担以应用性课程教学为主的职业教育，从20世纪70年代开始，为了满足社会快速发展的需求，政府开始将高等职业教育融入教育系统中来，形成了一种新型的高等职业教育类型——技术与继续教育学院（Technical And Further Education，简称 TAFE），TAFE 是澳大利亚政府直接领导下的"技术和继续教育"全国机构的缩写，它是为解决人才培养与就业市场之间对接问题而形成的一种特色教育体系，TAFE 教育坚持以就业为导向，把技术与继续教育、学历教育、岗位培训结合起来，不仅提供职业教育，还提供成人、社区等其他类型的教育，目前 TAFE 教育已成为澳大利亚高等职业教育的主要类型。

（一）TAFE 教育的主要特点

TAFE 教育是建立在终身学习理念之上，以提升学生能力为本位，以就业为导向的一种职业技术教育与继续教育相结合的模式，它是一种实行柔性教育培训方式，把各种类型教育联系起来的职业教育。澳大利亚政府大力支持 TAFE 教育，通过制定《职业教育法》《高等教育法》等系列法律，采取"市场化"运作机制为 TAFE 教育发展提供保障。

1. 各类教育形成完备的终身教育体系

目前澳大利亚高等职业教育已经形成了以 TAFE 教育和其他各类型教育相互衔接、相互融合的机制，各类教育保持密切联系，通过在课程上学分互认等形式，将职业教育、学历教育、岗位培训等结合起来，实现了各类资格证书和学历文凭之间的相互衔接。同时澳大利亚还加强了职前与职后教育、初等到高等教育的有效衔接，使得受教育者可以在高职院校、培训机构，以及大学之间自由流动，形成了终身教育体系和职业教育网络。

澳大利亚具有全国统一的职业教育标准与认证方式，职业教育文凭可以得到各行业、雇主的广泛认可。随着高等职业教育体系化、课程结构模块化、证书和就业一体化等形式的发展，这种体制很好地将高等职业教育、普通教育、成人教育融为一体，职业教育与学历教育之间的转换也变得容易，为学生建立起了以"学习—工作—再学习—再工作"循环制为主的终身教育模式，将高等职业教育变成了一种终身学习的场所，也为学生搭建了终身学习的"立交桥"，为学生的未来发展提供多种平台。

2. 以"培训包"为单元的课程设置

澳大利亚国家培训局（The Australian National Training Authority，简称 ANTA）是澳大利亚职业教育和培训的最高管理机构，该机构的主要职责是为全国职业教育的发展提供战略指导和建议。TAFE 教育在课程上的开发是以 ANTA 批准后颁布的培训包为基本单元，各大职业院校在培训包中为学生设置了大量的职业和非职业课程以供学生选择，培训包都是根据社会的发展变化和工作岗位的具体需求进行削减或增设，针对不同专业和不同资格认证设置不同的内容，课程内容设置多样化、灵活化，与行业紧密结合，包括社会各个领域，如通信、艺术、旅游、采矿、交通、金融、教育、汽车等，学生可选择的课程有上千种，课程不仅覆盖了澳大利亚经济社会的各个行业和领域，同时也为市场潜在行业的发展做好必要的人才储备。

3. 以学生技能提升为主的本位思想

TAFE教育以提升学生技能为主要目标，课程总体分为理论课和实践课，但以实践课为主，很多职业学校将理论教学地点和技能训练基地、生产车间、企业工作现场放在同一处，教师可以在一边讲理论的同时又进行实际操作，学生上完理论课以后可以马上进行实践操作，学生能够尽快适应真实的工作环境。此外各大职业院校还聘请企业的优秀技工来进行现场教学，澳大利亚各大职业院校一般都具有世界一流的实训教学环境，为学生有效掌握专业技能、提升动手能力提供了平台。在课程设置上，除了可以由学校自主设计外，企业也可参与课程的开发，保证了教学课程不与社会脱钩。

对学生评估也是建立在终身教育理念之上，TAFE教育要求教师在教案中详尽写明学生基本信息、具备的知识水平，然后在此基础上制定教学计划和考核办法，以提高职业教育的针对性。值得一提的是TAFE教育的评估分为理论测试和实际能力测试两部分，理论测试主要以书面答卷的形式在教学场所组织，学生理论成绩通过即可，在没通过的情况下可以有补考一次的机会，而实践能力的测试则非常严格，实践能力考试一般在实训室或企业进行。

4. 坚持以市场为导向，行业参与其中

市场引领是澳大利亚职业教育领先世界的一个重要原因，TAFE教育以行业的需求为导向，采用校企合作方式，形成了以行业为主导的职业教育制度，行业在教学改革中起关键作用，一方面企业向职业学院拨款，参与课程的设计和专业改革，支持提升职业教育培训水平；另一方面职业学院根据企业的需求，为企业服务。TAFE教育的专业和课程设置都有统一的行业标准，由教育管理部门、学院、企业联合制定，学生完成学业后可以获得国家颁发的统一证书。澳大利亚在国家层面组建了若干个行业咨询委员会，各州也建立相应的咨询委员会，每个委员会由各行业专家、政府工作人员、教育管理人员等组成，这些组织以企业模式运行，从不同的行业背景出发研究各行业对职业教育的客观需求，主要目的在于为职业教育发展提供咨询意见，制定职业教育行业标准，包括专业设置、培养目标、课程建设等，并根据社会需求修订培训包，以便高等职业教育能够准确反映行业需求，培养真正能够适应社会需求的技能人才。

5. 严格的教师选拔制度和考核标准

TAFE教育的教师由全职教师与兼职教师组成，全职教师除了需取得相应资格证书以外，一般还需要具备三到五年从事本行业工作的实践经验，兼职教师主要由来自企业或有过企业工作经验的熟练工人所组成，兼职教师主要负责职业技能训练课程，负责专业技能的教学，具备丰富经验的专职教师与数量庞大的兼职教师队伍有机结合共同构成了职业教育的师资队伍。澳大利亚在职业教育教师的选聘上有一套严格流程，一般在选拔时要成立由系主任、本领域专任教师、人事负责人等组成的招聘小组，制定公开、公正的招聘意见，利用大约两个月时间对候选人进行全方位的考察，最终根据各方面的表现进行综合评定。对于职业教育的管理队伍，尤其是院校领导，招聘要求则更高，只有拥有一支较强的管理队伍，才能保证高质量的职业教育水平。

在教师的考核上，TAFE教育拥有灵活多样的考核办法，尤其是在教学上一般要求教师在课前制定完备的教案，无论是教案还是课堂教学都要求有文档资料可查，所有课程接受学生的监督，对学生反映上课效果不好的课程，教师必须认真反思、按时改正。另外要求所有教师上岗前必须接受教育技能培训，学校每年为职业教育教师提供培训机会，保证教师能够获取行业最新的知识和技能，一直站在知识的最前沿。

6. 科学的职业教育教学质量评价体系

科学完善的职业教育评价体系也是TAFE教育的一个显著特色，澳大利亚政府十分重视职业教育的评估工作，并将其作为政府的一项首要工作，澳大利亚政府建立起了一套科学化、规范化的职业教育评估系统，该体系充分发挥教师、学生、企业等各方面主体的作用，对TAFE教育进行客观公正的评估。澳大利亚国家培训局是负责职业教育评估的评价机构，每年会定期或不定期按照严格的标准对全国的职业教育机构进行检查，国家培训局建立了一套科学的评估系统，该系统集学生、教师、学校、企业、社会于一体，对职业教育进行多维度评价，评估方法多元化、多样化、灵活化，既重视校企合作，又重视产学结合，有效地保证了职业教育的教学质量。

（二）TAFE教育对我国的主要经验启示

1. 在课程设置上坚持以社会发展为导向

目前我国高等职业教育仍侧重学历教育，课程内容大多强调理论性、系统性，在专业技能培养上还比较薄弱，学生走向工作岗位后出现学非所用的现象非常普遍。因此我国高等职业教育要借鉴TAFE教育经验，对职业教育的课程进行改革，成立专门的行业委员会，充分考虑我国经济社会转型时期对职业教育的真实需求，组织教学人员、行业人员、企业人员、课程专家等对已开发出的课程进行审核，以检验课程的科学性和合理性，保证职业教育课程的实用性和实践性，实现职业教育和职业实践的无缝衔接。在课程质量监督上，由教育部下设的专门机构制定系列评估标准以保证职业教育教学质量，实现对课程质量进行全程监督。

2. 以校企合作的形式带动企业参与其中

高等职业教育的发展不能脱离社会，其出发点和落脚点在于满足社会的需求，因此高等职业教育要想长效发展就必须依靠企业，我国高职院校近年来也开始重视校企合作，但总体做得还不够好，很多都流于形式。借鉴TAFE教育经验，我国高等职业院校可通过多种形式的校企合作，将课堂与工厂相结合，也可以借鉴澳大利亚一些职业院校的"订单培养"模式，保证职业教育发展更加符合企业和行业的需求，培养更多具有实际操作技能的专业人才，实现高职院校和企业的双赢。此外高职院校在人才培养方案制定、课程开发、教师评聘、学生实习等方面，都需要加强校企合作。

3. 建立起多层次、多元化教学评估体系

我国当前对高等职业院校的教学质量评估仍然存在重结果、轻过程的现象，评价方式单一、过程不规范、体系不健全等问题一直存在。借鉴TAFE教育的成功经验，我国高职院校要尽快改变目前的评估现状，可考虑由政府牵头，行业和学校参与成立专门的高职教育评估机构，制定由教师、企业、学生等主体参与的量化评估标准和指标体系，定期或不定期组织高职教育评估考核，彻底改善目前我国高职教育评估重形式轻实质的现状，同时还要结合实际建立相应的奖惩制度，以保证职业教育质量不断提升。

4. 加快培养具有较高专业技能的教师队伍

师资队伍建设是职业教育人才培养的关键，TAFE教育的成功经验告诉我们，高等职业院校的教师队伍除了要具备扎实的理论功底之外，更需具备行业一线的工作经验。因此我国的高职院校有必要鼓励专业教师到企业去进修和学习，增强其实践能力，丰富其行业和企业一线的工作经验，同时还要大量吸收企业和各大行业一线具有较高文化水平和实践工作经验的"能工巧匠"来充实兼职教师队伍，更好地完善职业教育实践教学环节。同时高职院校应为教师发展提供平台，鼓励教师走出学校与社会多接触，了解企业的新技术、行业发展的新趋势，以及企业对学生职业素质的新要求和未来职业环境，增强自身操作能力和企业实践经验。

第二节 "一带一路"倡议下高等职业教育"走出去"

自2013年习近平总书记提出"一带一路"倡议以来，中国产能和装备制造企业"走出去"及"一带一路"沿线国家重大项目建设的步伐加快，职业教育"走出去"，向"一带一路"沿线国家输出我国特色职业教育模式，增强职业教育在国际社会的影响力和吸引力则越发迫切。职业教育与经济依存度较高，是"一带一路"倡议中经济建设的重要支撑,是"一带一路"人才供给的主渠道。

我国已经建成世界上最大的现代职业教育体系,以中等职业教育为主体,初、中、高等职业教育相衔接、与普通高等教育相沟通的职业教育体系已基本形成,产教融合、校企合作、特色发展的现代职业教育体系逐步完善,职业教育国际化从"输入型"向"输出型"转变,高等职业教育开始尝试"走出去"。《高等职业教育创新发展行动计划(2015—2018年)》(教职成〔2015〕19号)首次明确提出了职业教育配合"一带一路"倡议,支持优质产能走出去,扩大与沿线国家教育合作的行动方案。2020年教育部等九部门印发的《职业教育提质培优行动计划(2020—2023年)》明确提出实施职业教育服务国际产能合作行动,加快培养国际产能合作急需人才,提升职业教育国际影响力,到国(境)外办学、与产能合作国远程教育培训合作,推进"中文+职业技能"项目等工作任务,对中国职业教育走出去提出要求,指明方向。不少职业院校在国外设立"鲁班工坊"等海外办学机构,产生了一定的国际影响。但我们也要看到,相较于发达国家的职业教育,中国职业教育在国际上尚不具备品牌优势,高等职业教育"走出去"实践还较为零散,高等职业教育"走出去"项目在数量、规模和内涵建设上尚有很大的提升空间。

当前我国职业教育"走出去"主要存在以下几种模式:一是由我国企业负责在"一带一路"沿线各国修建职业院校,并由国内的职业院校负责教育教学的相关事宜。二是由我国的企业同当地的职业院校展开合作,培养企业和当地所需的技术技能型人才。三是由我国的职业院校教师到当地职业院校开展教学活动,交流教学方法,输出我国的职业教育理念。

一、高等职业教育走出去所面临的困难

(一) 文化差异加大沟通难度

"一带一路"沿线国家众多,各国都有不同的文化、宗教、信仰与习俗,文化上的差异容易造成交流障碍甚至引发冲突。任何教育理论都有其自身形成的文化背景、历史传统和民族特色,任何一种成熟的职业教育模式都是在自身的文化背景、历史传统、民族特色中形成。世界各国职业教育各有特色,在巨大的文化差异下,沟通难度也比较大。

(二) 现有制度不够完善

现有的高等职业教育制度规范、办学结构,与"一带一路"布局不完全匹配:职业院校境外办学的审批制度、人员外事政策、对外投资政策、人事和经费支持政策、职业院校的国有资产如何输出等政策均有待进一步完善。高等职业教育"走出去"应对内深化职业教育改革,完善高职教育相关制度,同时将制度的原则性和可操作性更好地结合起来。

(三) 经费投入不足

以2016年为例,全国教育经费总投入为3.89万亿元,普通教育投入约占83.92%,职业教育投入仅有10.42%。我国中央财政下达的2016年相关教育专项转移支付资金927亿元,其中,现代职业教育质量提升计划专项补助资金177亿元,占比不足20%。

海外办学需要资金保障。目前，高职院校海外办学往往靠学校自身资金，而海外办学耗费巨大，仅凭高职院校一己之力，难以维持项目长期良性运作。

（四）缺乏国际化的师资储备

"一带一路"倡议的深层推进对高等职业教育的师资也提出了更高的要求，要求走出去的师资队伍具有国际视野、通晓国际惯例、精通专业知识，具备过硬的语言能力。就目前高等职业教育的师资而言，缺乏这方面的人才储备。

二、高等职业教育走出去所面临的机遇

"一带一路"建设在对我国高等职业教育提出了更高要求的同时也创造了难得机遇，成为推动与沿线国家实现发展战略对接、人才共享、优势互补、利益共赢的重要联结桥梁。

（一）中资企业走出去急需专业技术人才

随着"一带一路"建设的持续推进，对外投资继续增加，走出去企业源源不断地为他国带去了产能、资金、技术、设备，在拉动经济发展的同时也产生了巨大的专业技术技能人才的缺口。一方面，企业派出的中方人员大多不熟悉当地的政治经济制度、宗教、语言、文化习俗等，需要结合当地情况进行必要的培训。另一方面，大多数"一带一路"沿线国家是发展中国家，大部分尚未形成系统而成熟的职业教育与培训体系，我国境外企业所吸纳的当地员工的人力资源结构和素质，尤其是与生产实际结合紧密的技术人员

的结构和素质，无法跟上企业发展的需求，直接影响了我国对外投资企业的发展速度和质量，迫切需要职业教育为企业"走出去"提供智力支撑。

（二）"一带一路"沿线国家已普遍认识到职业教育助推经济的重要作用

肯尼亚副总统在非洲世界银行 PASET 第四次论坛上指出："非洲急需各行业生产发展的技术技能型人才。"广大发展中国家已充分认识到发展职业技术教育对本国经济与社会发展的重要性，而中国改革开放成功的发展模式对与中国过去有着一定相似性的发展中国家具有很好的启发。

三、高等职业教育如何"走出去"

随着 2018 年全国教育大会的召开，高等职业教育战线要用实际行动落实党的十九大精神和教育大会精神，通过加强与"一带一路"沿线国家职业教育与产业领域的合作，促进我国职业教育国际化发展进程，促进国际经贸交流与合作。

（一）加强校企协同，构建区域性高职教育共同体

2019 年初，国务院印发《国家职业教育改革实施方案》，方案指出到 2020 年初步建成 300 个示范性职教集团（联盟），带动中小企业参与。行业企业是"一带一路"建设的排头兵，单纯的高职院校"走出去"缺乏内生动力，校企携手跟着国际产能合作和市场需求走，才能使"走出去"真正服务经济社会发展。高等职业教育

"走出去",可以采取"校企协同、集中优势、抱团出海"的形式,构建区域性高职教育共同体,搭建职业院校之间、校企之间的合作平台,推动院校间、校企间合作共赢与发展。"走出去"企业还可以根据自己的人才需求,与高职院校合作,进行"订单式"人才培养,有针对性的培养专门人才,为企业海外发展提供源源不断的人才支持。

2017年6月,由中国教育国际交流协会、宁波市教育局和宁波职业技术学院牵头倡议的全国首个"一带一路"产教协同联盟成立,致力于推动中国与"一带一路"沿线国家和地区职业教育的务实合作,搭建国际化产教协同平台。产教协同联盟的成立,是对高等职业教育国际化的新模式、新途径进行的有益探索。来自全国的76家高职院校、中航国际等13家不同行业的龙头企业,中国教育国际交流协会、有色金属工业协会、国家半导体产业联盟等多个行业组织加入联盟。

(二)强化专业建设,打造高等职业教育品牌

2016年,教育部颁发了《普通高等学校高等职业教育(专科)专业管理办法》,决定增设涵盖11个专业大类的13个新专业。新增设的专业大类都属于"一带一路"建设中企业发展急需的基础设施建设、能源、交通、通信等行业领域。高职院校应改加强专业建设改革课程体系,学习借鉴沿线国家的文化传统、发展理念,根据当地的经济社会发展情况进行教学内容的选择,提高教学内容与职业教育接受者以及企业属地化发展之间的契合度,做到培养的学生能够与中资企业"走出去"人才需求同步。

目前,国家正在实施"双一流"建设工程,标志着我国普通高等教育国际化水平迈上新台阶。高等职业教育"走出去"是新生事

物,是伴随着"一带一路"等走出去战略提上议事日程,高职教育"走出去"应加强规划和领导,与普通高等教育"双一流"建设目标相协同,选择一批"一流院校、一流专业"有重点的进行培育,共同打造中国高等职业教育品牌,使高等职业教育更好的服务"一带一路"沿线国家的经济社会发展。

(三)对接当地需求,推进优质项目试点

"一带一路"沿线覆盖面大,涉及的国别、种族、人口众多,各国在政治、经济、宗教、文化等方面存在很大差异。在如此复杂的区域开展合作办学,必然遭遇诸多潜在风险。高职院校在服务于"一带一路"的建设进程中,要将学校的办学特色与沿线国家和地区的具体现状结合起来,在推进试点项目之前,做好职业教育市场的调研,对相应国别的法律制度、教育制度、职业教育的层次、人才需求等进行充分的调查,对合作伙伴的背景、资质、现有的办学能力、办学条件做好细致的论证。在投入办学资源时要谨慎考量风险、成本,充分了解各方面条件后有序开展项目。

在"一带一路"沿线众多国家中,南亚、非洲以及中亚独联体国家是海外办学重点,是职业教育重点关注和开拓的区域。南亚地区华人较多,职业教育地位较低、职业教育经费投入不足、职业教育质量有待提升、职业教育管理亟须改进。以柬埔寨为例,目前柬埔寨只有47%左右的人完成9年义务教育,能从高中顺利毕业的人仅有35%,而能够接受高等教育的人数只有12%。柬埔寨中国商会会长陈长江介绍,当地中资企业对人才培训的需求很旺盛,"工科人才非常缺,高端技术工人更缺。"天津中德职业技术学院负责设计并建成的柬埔寨澜湄职业教育培训中心,又称柬埔寨鲁班工

坊。该实训中心位于柬埔寨国立理工学院的实训楼，拥有18间实训室，1600多台（套）设备，目前全部投入教学培训，面向柬埔寨社会民众、企业员工和大学生开展数控加工、电工、液压气动、物联网、通信网络管理等专业技术技能培训。负责援建的天津中德应用技术大学，是中德两国政府在职业教育领域最大的合作项目，向国内引入了德国享誉世界的"双元制"职业教育理念和模式。

中国和非洲一直以来都保持着良好的政治关系，非洲国家职业教育水平较低，随着"一带一路"建设的深入推进，许多中资企业在非洲国家基础设施建设等领域开拓市场，缺少既精通所在国语言、又熟悉所在国法律和文化习俗的技术技能人才、项目管理人才。目前中国在非洲建设的职业教育中心主要有：20世纪80年代建立并于2015年改扩建的苏丹恩图曼职业培训中心、2003年建立的埃塞—中国职业技术学院、2015年宁波职业技术学院与贝宁CERCO学院合作开办的中非（贝宁）职业技术培训学院，以及教育部统筹天津职业技术师范大学等10所高等职业院校设立的教育援外基地等。2015年12月，习近平总书记中非合作论坛期间提出的"中非十大合作计划"，明确提出"设立一批区域职业教育中心和若干能力建设学院，为非洲培训20万名职业技术人才"。2015年12月，教育部批准同意开展全国首个有色金属行业职业教育"走出去"试点项目，在非洲的赞比亚实施职业教育办学试点，正式开启了职业教育校企协同走进非洲的进程，对赞比亚社会发展、中国企业持续稳定开拓赞比亚市场，以及提升参与院校的知名度及国际影响力都发挥了重要作用。2017年，时任教育部副部长李晓红在全国职业教育与继续教育工作会议上专门提到，"有色金属行业开展校企协同'走出去'试点，首批20余名高职学校教师赴赞比亚开展员工培训，为探索与中国企业'走出去'相配套的职业教育发展模式积累了经验。"

（四）提升教学水平，抓好师资队伍建设

《国家职业教育改革实施方案》提出，要多举措打造"双师型"教师队伍。高职院校的教师队伍中"双师型"教师比例较低，实践教学水平和现代化教学手段应用能力亟待加强。"双师型"教师是指有良好的职业道德、较强的教育教学能力，不仅能传授理论知识，而且能进行专业操作示范，具有丰富的实践经验的教师。打造一支优秀的教学团队，是高职教育更快更稳"走出去"的智力保障，高职院校在打造专业化、国际化的师资队伍方面应做到以下几点：①鼓励教师出国游学、留学进修，参加国际学术会议以及进行学术访问或交流，学习国外先进的教学理念、教学方法和教学模式。②聘请国外教育专家来校讲学，邀请国外合作院校的教师来校授课，实现师资的互动交流。③致力于建立完善的师资培养、师资考核、师资聘用方面的相关制度，从顶层设计上，发挥制度的引领、指导和激励作用。高职院校应以"走出去"推动职业教育改革，真正打造一支视野开阔、敢于创新、同时具备过硬的语言能力的"双师型"教学团队。

第三节 中国职教走向世界：鲁班工坊模式研究
——以吉布提鲁班工坊为例

职业教育一直是教育领域国际交流与合作最活跃的领域之一，自 2013 年习近平总书记提出"一带一路"倡议以来，职业教育配

合国际产能合作和中国装备"走出去",取得了丰硕的成果。《2017年全国高等职业院校年度质量报告》数据显示,当前我国高职院校中开展"走出去"实践的共有505所,约占全国高职院校总数的38.1%,为"一带一路"沿线国家和"走出去"企业培养了大批旅游、建筑、水电等技术技能型人才,推动了沿线国家职业教育的共同发展。鲁班工坊是天津市率先推出的职业教育国际品牌,是天津市教委依据教育部与天津市共建"国家现代职业教育创新改革示范区"的协议要求,提出的一个旨在助力天津职业教育走出去,服务企业走出去的创新型国际化职业教育服务项目。

一、鲁班工坊品牌的塑造过程

教育部在《高等职业教育创新发展行动计划(2015—2018年)》中明确提出:配合国家"一带一路"倡议,助力优质产能走出去,扩大与"一带一路"沿线国家的职业教育合作。主动发掘和服务"走出去"企业的需求,培养具有国际视野、通晓国际规则的技术技能人才和中国企业海外生产经营需要的本土人才。支持专科高等职业院校将国际先进工艺流程、产品标准、技术标准、服务标准、管理方法等引入教学内容;与积极拓展国际业务的大型企业联合办学,共建国际化人才培养基地;发挥专科高等职业院校专业优势,配合"走出去"企业面向当地员工开展技术技能培训和学历职业教育。在教育部的指导下,天津市教委于2015年正式启动鲁班工坊项目研究。

2016年,天津渤海职业技术学院在泰国大城技术学院建立的鲁班工坊挂牌,该工坊是依托天津职业院校国际化专业建设的国家级教学成果奖"工程实践创新项目"(EPIP)展开职业教育和职业培训。其核心内涵是以职业教育和职业培训的国际合作交流为主要载体，配合我国的国际产能合作和企业"走出去"，为当地的技术技能人才培养提供技术指导，通过技术产品和技术服务输出，培养当地熟悉中国技术、中国产品和中国品牌的技术技能型人才。2017年11月，渤海鲁班工坊项目获批教育部全国职业教育"走出去"试点项目。

2019年3月，由天津铁道职业技术学院、天津市第一商业学校、吉布提工商学校和中国土木工程集团有限公司共同建设的吉布提鲁班工坊在吉布提工商学校正式揭牌，这是中国在非洲建设的首家鲁班工坊，分析其运营模式和职业教育理念，能够帮助我们窥见整个鲁班工坊项目的基本运作模式以及鲁班工坊品牌的打造过程。

二、吉布提鲁班工坊的运作模式

（一）设立背景

随着经济全球化的发展，非洲国家以更积极的姿态、更饱满的热情推动工业化进程，希望通过工业化、经济融合和一体化推动非洲国家的快速发展。目前绝大多数非洲国家的教育体系尚不能为社会和经济发展培养足够的技术技能型人才，培养社会发展所需的技术技能型人才已成为推动非洲国家可持续发展战略的重要组成部分。

吉布提位于亚丁湾西岸，与阿拉伯半岛隔曼德海峡相望，扼守红海入印度洋的要冲，向北通过苏伊士运河达地中海。苏伊士运河是国际石油生命线，每年约2.5万艘船只通过，占世界海运贸易的

14%。吉布提建有我国第一个海外军事基地，是"一带一路"在非洲的重要支点。吉布提目前正大力发展铁路、港口、航空等产业，急需高素质技术技能人才。随着中资企业在吉数量和业务的不断拓展，以及中国派往亚丁湾索马里海域护航编队的现实补给需求等，中方深入参与其港口及相关产业建设具有重要而深远的意义。2018年3月吉布提鲁班工坊项目被列入天津市政府支持建设项目。

（二）运作模式

吉布提鲁班工坊位于吉布提工商学校，坊内面积1000平方米，包括5个铁道类专业教学区，开展铁道交通运营管理和铁道工程技术两大专业的教学和培训；以及4个商科类专业教学区，开展商贸和物流两大专业的教学和培训。坊外实训基地160万平方米，为亚吉铁路那噶得车站和吉布提国际自由贸易区。吉布提鲁班工坊形成了校内与校外、室内与室外，学校与企业、职教与社会相结合的技术技能人才培养空间布局。从吉布提鲁班工坊的基本运作模式我们可以总结出几个特点：

一是配合政府间的战略合作。中国经过40年的改革开放，已发展到了工业化中后期，积蓄了大量富余产能，而且拥有发展资金、适用技术和设备以及从农业国成长为"世界工厂"的丰富发展经验。在"一带一路"倡议下，中国和非洲国家继续深化战略伙伴关系，积极推进经贸合作，积极探索符合中国国情和非洲实际的共同发展道路。在2018年中非合作论坛开幕式上，习近平总书记提出"八大行动"，在"实施能力建设行动"中提出将在非洲设立10个鲁班工坊，向非洲青年提供职业技能培训，吉布提鲁班工坊建设在政府间战略合作的基础上取得实质性的进展。

二是依托职业院校的国际合作。天津铁道职业技术学院从20世纪80年代就支援坦赞铁路建设,至2001年以来,先后为坦桑尼亚、赞比亚、埃塞俄比亚、吉布提等非洲国家培养培训了540名铁路员工,吉布提工商学校是吉布提规模最大、办学质量最优的职业学校。目前,学校开设了40个专业,拥有1850名在校生。天津铁道职业学院与吉布提工商学校建立了良好的合作关系,校际合作强强联手,为吉布提鲁班工坊的设立奠定了坚实的基础。

三是围绕企业需求的校企合作。2015年6月建设完成的全长752.7公里的亚吉铁路,是非洲大陆距离最长的跨国电气化铁路,也是中国企业在非洲建设的第一条集投融资、设计、施工、监理、装备材料和运营为一体的全产业链"走出去"的跨国电气化铁路。中土集团是亚吉铁路的建设方和运营方之一,项目采用"6+2"模式,即6年的运营维护均按中国铁路局运输模式配备组织机构和人员,另2年为技术服务,为此中国向当地派驻了1000多人技术团队负责亚吉铁路营运,并负责培养当地接班人,吉布提鲁班工投入使用后,基本实现亚吉铁路运营项目的员工属地化培训,填补了吉布提没有高等职业教育的空白,开启了中吉在学历教育与职业培训方面的合作新篇章。而在距离吉布提港不到3公里处,非洲规模最大、最先进的自贸区即将建设完成。依据吉布提"2035愿景"计划,吉布提将打造商业中心和物流中心,鲁班工坊的设立,将为吉布提提供商贸物流类紧缺人才。

三、鲁班工坊模式对职业教育走出去的启示

鲁班工坊建设的总体思路是按照因地制宜、优质优先、强能重

技、产教融合的原则，以所在国家产业和"一带一路"建设人才发展需求为导向，以天津国家职教示范区优质资源为支撑，以建立技术技能人才培养培训国际化机构为载体，以国际化专业教学标准为依据，以工程实践创新项目（EPIP）教学模式为主线，重点面向东盟区域、中巴和中蒙俄经济走廊、非洲和欧洲国家，聚焦先进制造业、现代服务业等领域，将中国优质职业教育资源和中国优质产品技术向合作国输出，培养当地熟悉中国技术、产品、标准的技术技能人才。从各地鲁班工坊的建设情况来看，具有一些相通的地方，由此我们也可以得出以下几点启示：

（一）因地制宜，围绕产业特色

"因地制宜"是鲁班工坊建设的主要原则。各个国家的政治环境、经济发展水平、技术技能水平都存在巨大差异，鲁班工坊的建设因地制宜围绕当地产业特色，出台具体实施方案。吉布提鲁班工坊结合了吉布提自贸区建设情况以及亚吉铁路项目人才需求。印尼鲁班工坊，围绕汽车维修专业、智能制造、新能源技术服务当地经济发展。泰国鲁班工坊围绕泰国高铁建设，设立建设（高铁）动车组检修技术、（高铁）铁道信号自动控制两个专业，覆盖泰国全境、辐射东南亚国家的高铁类专业教育网络，为泰国及东南亚国家培养更多高铁专业技术技能人才，造福当地人民。各国的鲁班工坊建设，均紧紧围绕当地产业特色、经济发展、就业需求，取得了事半功倍的效果。

（二）产教协同，推动职业教育走出去

事实证明，政府间的战略合作使鲁班工坊朝着国家品牌的方向

发展，将鲁班工坊纳入国家外交和政府间合作的战略规划，既能发挥其人文交流机制的重要作用，又能服务企业需求助力企业走出去。

职业教育走出去，要充分发挥产教协同"走出去"的多元主体作用。从职业教育"走出去"的行为主体来看，其主要涉及政府、职业院校、行业企业等。因此，要充分发挥企业在推动职业教育"走出去"的主体作用，构建政府、院校和企业三者协同"走出去"的互动机制。以吉布提鲁班工坊为例，采用"政校企"合作模式，天津市人民政府、吉布提教育部、天津铁道职业技术学院、天津市第一商业学校、吉布提工商学校、中国土木工程集团有限公司协同共建，为吉布提鲁班工坊的设立从顶层设计层面汇聚了优质资源，奠定了合作基础。

（三）统一标准，打造职业教育国际品牌

我国职业教育特别是高等职业教育在改革开放之初，为满足经济社会发展对技术技能型人才的巨大需求，也为了拉近与国外先进职业教育发展水平之间的差距，通过各类政府间的职业教育合作项目或派遣专家赴境外研修等途径，学习德国"双元制"、澳大利亚TAFE学院等先进的职业教育办学经验，寻求联合国与世界银行等国际组织的援助与支持，不断引入和借鉴来自国际社会的优质职教资源与发展经验，推动了我国职业教育的快速发展。虽然我国职业教育经过这些年的发展，取得了长足的进步，但是我们仍然应该清醒地看到，对比德国的"双元制"、澳大利亚TAFE学院等，具有中国特色的职业教育国际品牌还十分缺乏，中国的职业教育尚有很大的提升空间。

从 2016 年至今，经过 5 年时间的发展，鲁班工坊形成了统一标识、统一合作协议、统一工坊设计标准、统一教学区域设计标准。国际化专业教学标准、工程实践创新项目的教学模式（EPIP）、工坊证书等一整套体现中国元素、中国特色、中国标准等的建设标准，形成了与发达国家职业教育国际化不同的路径和模式，极大地丰富了职业教育国际化的内涵，为世界职业教育国际化树立了新典型，提供了新样本，具有中国特色的鲁班工坊职业教育品牌正逐步形成。

天津市教委对鲁班工坊建设制订了详细的发展目标：积极鼓励有条件的职业院校，配合中国产业走出去，协同相关行业企业，充分发挥专业建设优势，积极参与国际合作。自 2016 年 3 月 8 日在泰国建立首个"鲁班工坊"起，到 2020 年 11 月日马来西亚"鲁班工坊"正式揭牌成立，我国已在全球 17 个国家建成了 18 个"鲁班工坊"。鲁班工坊是多样文明交流互鉴的重要方式，也是一个国家开放包容的重要体现；是培养高素质技术技能人才、服务国家战略的重要途径，也是深化中外人文交流、提升国家软实力的重要载体。相信随着鲁班工坊在多个国家建成，具有鲜明中国特色的鲁班工坊一定能成为职业教育走出去的国际知名品牌。

参考文献

一、期刊类

[1] 杜祥培．一流高职院校发展的策略探讨［J］．教育与职业，2010（3）.

[2] 刘林涛．文化自信的概念、本质特征及其当代价值［J］．思想教育研究，2016（4）.

[3] 邵献平，詹鹏．文化自信：大学生思想政治教育的重要向度［J］．中共山西省委党校学报，2017（4）.

[4] 肖群忠，杨建强．价值观与伦理自信是文化自信的核心［J］．中国特色社会主义研究，2017（1）.

[5] 崔利萍，阎树群．中国特色社会主义文化自信的三重逻辑［J］．思想教育研究，2017（7）.

[6] 杨建义．引领大学生从文化认同走向文化自信［J］．高校辅导员学刊，2017，9（1）.

[7] 万思志．高校在增强文化自信中的应然性与实然性［J］．江苏高教，2017（6）.

[8] 樊明成．一流高职院校的基本内涵探析［J］．重庆高教研究，2014（6）.

[9] 买琳燕. 高职教育国际化与一流高职院校建设 [J]. 职业技术教育, 2015 (4).

[10] 王伟. 一流高职院校办学定位若干基本问题研究 [J]. 职教论坛, 2017 (5).

[11] 柳青. 利用新媒体凝聚青年并创新共青团工作 [J]. 新闻研究导刊, 2017 (6).

[12] 蔡雪敏. 试论新媒体视野下高校共青团工作的新路径 [J]. 福建师大福清分校学报, 2012 (7).

[13] 杨善江. 产教融合：产业深度转型下现代职业教育发展的必由之路 [J]. 教育与职业, 2014 (33).

[14] 张晓刚. 北京区域经济与职业教育协同发展研究 [J]. 职教论坛, 2013 (2).

[15] 叶立生. 产教融合发展审视策论 [J]. 中国职业技术教育, 2016 (36).

[16] 周绍梅. 产业转型升级视角下职业教育产教融合的症结与破解 [J]. 教育与职业, 2018 (2).

[17] 杨永杰, 李建杰, 王浩宇. "一带一路"背景下职教集团建设的实践与探索 [J]. 天津职业院校联合学报, 2017 (12).

[18] 乔毅. 产业链视角下的产教融合研究 [J]. 教育与职业, 2017 (8).

[19] 徐喜波, 潘雪义. 苏丹职业教育发展对我国职业教育"走出去"的启示 [J]. 湖南科技学院学报, 2018 (8).

[20] 何新哲, 石伟平. "一带一路"背景下中等职业教育"走出去"办学的实践探索与启示 [J]. 现代教育管理, 2018 (5).

[21] 党瑞红."一带一路"视角下的我国高等职业教育国际化发展研究[J]. 当代职业教育,2017（3）.

[22] 李云梅. 中国职业教育国际化背景、路径与措施的研究[J]. 中国职业技术教育,2017（13）.

[23] 赵鹏飞,曾仙乐,宋凯,汤真."一带一路"职业教育校企协同走进非洲[J]. 中国职业技术教育,2017（29）.

[24] 李富."一带一路"倡议下中国职业教育海外办学的战略架构[J]. 教育与职业,2018（10）.

[25] 张爱坤. 全媒体时代媒体协同机制研究[J]. 新媒体研究,2018（3）.

[26] 张恒军. 全媒体时代国际新闻传播人才培养的创新路径[J]. 传媒教育,2017（6）.

[27] 吕萌,饶伟. 全媒体环境下新闻传播实验教学的发展与转型[J]. 实验室研究与探索,2017（10）.

[28] 梁骥. 浅论高职新闻传媒专业的实践教学改革[J]. 职业教育研究,2016（4）.

[29] 周晓宇. 高职新闻采编专业课程体系改革[J]. 职教论坛,2016（32）.

[30] 郄建业,李旭. 交叉、融合与协同——对全媒体视野下新闻传播学教育跨学科的思考[J]. 传媒,2017（9）.

[31] 金琛. 论全媒体环境下新闻人才的培养及路径[J]. 出版广角,2017（6）.

[32] 姚倩. 全媒体视域下新闻传播实验室的建设与发展[J]. 实验室研究与探索,2016（4）.

[34] 徐楠云. 论全媒体时代复合型新闻人才的培养途径[J]. 记

者摇篮，2018（7）．

[35] 吕景泉．鲁班工坊——中国职业教育国际知名品牌［J］．天津职业院校联合学报，2019（1）．

[36] 陈丽萍．鲁班工坊带给"一带一路"中外合作办学的思考［J］．天津商务职业学院学报，2017（4）．

[37] 吕景泉，杨延，芮福宏，杨荣敏，于兰平．鲁班工坊——职业教育国际化发展的新支点［J］．中国职业技术教育，2017（1）．

[38] 杨延．天津职业教育海外输出模式探索．天津市教科院学报，［J］．2016（5）．

[39] 吕庆华．从MOOC到SPOC：混合学习在人才培养中的效能优势［J］．南京工程学院学报（社会科学版），2018（9）．

[40] 逯波，孟佳娜，王存睿．线上线下交互融合式教学模式的构建与实施［J］．大连民族大学学报，2018（3）．

[41] 王素素．在线教育理论发展与研究［J］．山东农业工程学院学报，2019（2）．

[42] 徐涵，沈良忠．在线课程的学生学习行为分析研究［J］．电脑知识与技术，2018（2）．

[43] 陈红，谭起兵．"1+X"制度下高职院校人才培养模式改革探析——以天津工业职业学院为例［J］．太原城市职业技术学院学报，2021（9）．

[44] 白永祥．职业教育1+X证书制度研究的文献统计分析［J］．当代职业教育，2020（4）．

[45] 曾珍．职业院校实施1+X证书制度的蕴意、难点及对策［J］．武汉职业技术学院学报，2020，19（3）．

[46] 于禾，李峻."百万扩招"背景下的高职教育高质量发展研究[J]. 高等职业教育探索，2021，20（3）.

[47] 于进亮. 1＋X 证书制度实现书证融通的问题与策略[J]. 中国职业技术教育，2021（17）.

[48] 崔利萍，阎树群. 中国特色社会主义文化自信的三重逻辑[J]. 思想教育研究，2017（7）.

[49] 张浩. 1＋X 证书制度下高职院校"双师型"教师队伍建设研究[J]. 湖北工业职业技术学院学报，2021，34（3）.

[50] 赵华庆. "1＋X"证书制度下高职院校产教融合优化发展路径研究[J]. 襄阳职业技术学院学报，2021，20（3）.

[51] 庞迎波. 德国"双元制"职业教育及其对我国高等职业教育的启示[J]. 广西教育，2012（11）.

[52] 熊淑平. 德国职业教育的特色及启示[J]. 吉林工程技术师范学院学报，2013（7）.

[53] 罗如新，程达军. 日本混合所有制职业教育：发展历程与借鉴[J]. 对外经贸，2019（3）

[54] 鲍林娟. 日本高等职业教育体系的特点与启示[J]. 湖北函授大学学报，2016（15）.

[55] 何宇媚，吴剑丽. 日本高等职业教育办学功能的演变[J]. 职业技术教育，2010（3）.

[56] 段丽华. 新加坡高等职业教育创新发展路径及启示——以南洋理工学院为例[J]. 职业技术教育，2017（33）.

[57] 陈荣生. 新加坡高等职业教育发展模式及对福建省的启示[J]. 东南学术，2016（5）.

[58] 张立. 新加坡高职教师培养与激励的经验与启示[J]. 高等

职业教育探索，2017（2）.

[59] 朱雪梅．美、德、澳三国高等职业教育发展模式比较研究[J]．中国职业技术教育，2014（27）.

[60] 訾燕，徐震．澳大利亚高等职业教育的特色与启示[J]．中国成人教育，2015（19）.

[61] 谭智俐．澳大利亚TAFE教育对我国高等职业教育的启示[J]．职业，2013（9）.

[62] 姜春云，徐涵．澳大利亚高等职业教育的课程标准研究及启示——以新南威尔士州TAFE学院为例[J]．中国职业技术教育，2019（21）.

[63] 牛长清．澳大利亚TAFE高等职业教育交流有感[J]．工业和信息化教育，2013（7）.

[64] 崔步彤彤．国外高等职业教育办学模式综述[J]．现代职业教育，2017（7）.

二、图书类

[1] 陈先达．文化自信与中华民族伟大复兴[M]．北京：人民出版社，2017.

[2] 耿超．中国特色社会主义文化自信论[M]．桂林：广西师范大学出版社，2016.

[3] 季海菊．新媒体时代高校思想政治教育的解构与重塑．[M]．南京：东南大学出版社，2014.

[4] 陈志勇．高校共青团工作破局说[M]．北京：人民出版社，2015.

[5] 刘佳．新时期高校共青团青年工作理论与实践研究．北京：人

民日报出版社，2016.

[6] 贺星岳. 现代高职的产教融合范式 [M]. 杭州：浙江大学出版社，2015.

[7] 马树超，郭扬. 中国高等职业教育历史的抉择 [M]. 北京：高等教育出版社，2009.

[8] 谢长法. 中国职业教育史 [M]. 太原：山西教育出版社，2011.

[9] 张海明，孙柏璋，任延延. 德国"双元制"职业教育模式的福建本土化改造与提升研究 [M]. 福州：福建教育出版社，2019.

[10] 刘晓等. 职业教育中的校企合作 [M]. 浙江：浙江大学出版社，2019.

[11] 石伟平，匡瑛. 中国教育改革40年 职业教育 [M]. 北京：科学出版社，2019.

[12] 郭洁. 职业教育研究 [M]. 北京：中国社会科学出版社，2019.

[13] 和震，李玉珠，魏明，等. 职业教育产教融合制度创新 [M]. 北京：科学出版社，2018.

[14] 张立国，王国华. 在线教育的理论与实践 [M]. 北京：科学出版社，2018.

[15] 赵渊. 高等职业教育混合所有制改革的理论与实践 [M]. 北京：中国社会科学出版社，2020.

[16] 郭杰. 职业教育研究 [M]. 北京：中国社会科学出版社，2019.